高中化学
教学模式探究

杨俊玲 余琳 程保权 著

延边大学出版社·延吉

图书在版编目（CIP）数据

高中化学教学模式探究 / 杨俊玲，余琳，程保权著
. -- 延吉：延边大学出版社，2024.4
ISBN 978-7-230-06528-3

Ⅰ．①高… Ⅱ．①杨… ②余… ③程… Ⅲ．①中学化学课－教学模式－研究－高中 Ⅳ．①G633.82

中国国家版本馆 CIP 数据核字（2024）第 092884 号

高中化学教学模式探究

著　　　者：杨俊玲　余　琳　程保权	
责任编辑：朱秋梅	
封面设计：文合文化	
出版发行：延边大学出版社	
社　　　址：吉林省延吉市公园路 977 号	邮　　编：133002
网　　　址：http://www.ydcbs.com	
E-mail：ydcbs@ydcbs.com	
电　　　话：0433-2732435	传　　真：0433-2732434
发行电话：0433-2733056	
印　　　刷：廊坊市海涛印刷有限公司	
开　　　本：787 mm×1092 mm　1/16	
印　　　张：9	字　　数：200 千字
版　　　次：2024 年 4 月　第 1 版	
印　　　次：2024 年 5 月　第 1 次印刷	
ISBN 978-7-230-06528-3	

定　　价：68.00 元

前　言

　　自新课程标准出台以来，教育界就兴起了一股改革的浪潮，各学科都在探索新的教学方法，提高教学质量和水平，培养学生的能力和素养。这是新时期的社会需要，也是教育的必然发展方向。从原来的双基到三维目标，再到现在的核心素养，教育的目标就是提高教学质量，让教学真正成为学生进步的阶梯。随着新义务教育课程标准（以下简称"新课程标准"）的发布，高中化学教学不再适合采用过去单一的教学模式，许多教师开始采用具有探究性的教学模式，从而提高学生的自主学习能力，增强学生的独立思考能力。化学作为一门理科类学科，学生在课堂学习中，不仅需要掌握化学知识，而且要能完全理解和运用所学知识。过去的传统教育模式更注重书本知识，学生很难将理论知识与实践相联系，学生综合能力的提升受到了限制。相比之下，探究性教学模式更加符合新课程标准的要求，有利于学生全面发展。

　　《普通高中化学课程标准（2017年版2020年修订）》中倡导真实问题情境的创设，开展以化学实验为主的多种探究活动，重视教学内容的结构化设计，激发学生学习化学的兴趣，促进学生学习方式的转变，培养他们的创新精神和实践能力。关于课程方案，《普通高中化学课程标准（2017年版2020年修订）》首先进一步明确了普通高中教育的定位。我国普通高中教育是在义务教育基础上进一步提高国民素质、面向大众的基础教育，任务是促进学生全面而有个性的发展，为学生适应社会生活、高等教育和职业发展作准备，为学生的终身发展奠定基础。普通高中的培养目标是进一步提升学生综合素质，着力发展核心素养，使学生具有理想信念和社会责任感，具有科学文化素养和终身学习能力，具有自主发展能力和沟通合作能力。其次进一步优化了课程结构。一是保留原有学习科目，调整外语规划语种，在英语、日语、俄语基础上，增加德语、法语和西班牙语。二是将课程类别调整为必修课程、选择性必修课程和选修课程，在保证共同基础的前提下，为不同发展方向的学生提供有选择的课程。三是进一步明确各类课程的功能定位，与高考综合改革相衔接：必修课程根据学生全面发展需要设置，全修全考；选择性必修课程根据学生个性发展和升学考试需要设置，选修选考；选修课程由学校根据实际情况统筹规划开设，学生自主选择修习，学而不考或学而备考，为学生就业和高校招生录取提供参考。四是合理确定各类课程学分比例，在毕业总学分不变的情况下，对原必修课程学分进行重构，由必修课程学分、选择性必修课程学分组成，适当增加选修课程学分，既保证基础性，又兼顾选择性。最后强化了课程有效实施的制度建设。进一步明确课程实施环节的责任主体和要求，从课程标准、教材、课程规划、教学管理，以及评价、资源建设等方面，对国家、省（自治区、直辖市）、学校分别提出了要求。增设"条件保障"部分，从师资队伍建设、教学设施和经费保障等方面提出具体要求。增设"管理与监督"部分，强化各级教育行政部门和学校课程实施的责任。

如何进行高中化学探究式教学是高中化学教师面临的最主要的问题，虽然许多高中化学教师已经开始尝试探究式教学，教学的效果也有了一定的改善，但在实际的教学中仍然存在一些问题。

本书共七章。第一章介绍化学育人的价值，包括化学学科的独特性，学科育人及其价值取向，以及育人价值的实现。第二章介绍了化学教学理论基础。第三章探究了高中化学生活化教学模式。第四章探究了高中化学开放式课堂教学模式。第五章探究了高中化学支架式教学模式。第六章探究了高中化学PBL教学模式。第七章探究了高中化学翻转课堂教学模式。

本书在编写过程中参阅了大量的相关文献资料，湖北省荆门一中高兴华参与了本书的审稿工作，在此谨向广大同人表示衷心的感谢。由于笔者水平有限，书中内容难免存在不妥、疏漏之处，敬请广大读者批评指正，以便进一步修订和完善。

目　录

第一章　高中化学育人价值概述 ···1
　　第一节　化学学科的独特性 ···1
　　第二节　学科育人及其价值取向 ···6
　　第三节　高中化学普通育人价值实现路径 ··17

第二章　化学教学理论基础 ···31
　　第一节　指导化学教学的基础理论 ··31
　　第二节　化学教学特征与教学原则 ··38
　　第三节　化学教学过程与教学方法 ··44

第三章　高中化学生活化教学模式探究 ··53
　　第一节　生活化教学模式概述 ···54
　　第二节　高中化学生活化教学模式的实施背景 ··59
　　第三节　高中化学生活化教学模式实施案例 ··62

第四章　高中化学开放式教学模式探究 ··73
　　第一节　开放式教学模式概述 ···73
　　第二节　高中化学开放式教学模式的构建原则与基本环节 ····················76

第五章　高中化学支架式教学模式探究 ··82
　　第一节　支架式教学模式概述 ···82
　　第二节　高中化学支架式教学模式的基本环节与实施原则 ····················91

第六章　高中化学 PBL 教学模式探究 ··97
　　第一节　PBL 教学模式概述 ··97
　　第二节　高中化学教学应用 PBL 教学模式的优点及原则 ····················100

  第三节　高中化学 PBL 教学模式的实施··103

第七章　高中化学翻转课堂教学模式探究···107
  第一节　高中化学翻转课堂教学内容的选择··107
  第二节　高中化学翻转课堂教学模式的设计原则与策略·····························113
  第三节　高中化学翻转课堂教学模式的实施··119

参考文献··134

第一章 高中化学育人价值概述

第一节 化学学科的独特性

一、化学学科研究内容的独特性

（一）化学是一门研究物质及其变化的学科

世界是由物质组成的，物质是在运动中变化的。从古代到现代，人们提出了诸多概念与学说以解释他们所认识和理解的世界。中国的"阴阳五行说"及"元气说"，古希腊的"四根说"等都是关于万物本源的学说，其实质都是有关物质及其变化的观点。万物本源的学说是人们认识世界、理解世界和解释世界的基础，这也决定了化学作为一门基础学科的必然性和必要性。伟烈亚力在其编辑的《六合丛谈》中将"chemistry"翻译为"化学"，一直沿用至今。我国学者罗存德在《汉英字典》中将"chemistry"翻译为"炼学"或"物质理"。曾宗巩在其编译的《质学课本》中将"chemistry"翻译为"物质学"，简称"质学"。不论使用哪种翻译，"chemistry"一词实际上都包含两层意思：其一，物质的性质，其二，物质的变化。

为了避免对"物质"和"变化"的笼统表述混淆化学与其他学科的研究，可以从两个方面进一步展开说明：一方面，从化学研究的物质客体的特点来看，化学研究的物质客体主要是指客观存在的物质本身，而不是抽象存在的意识形态。另一方面，从化学研究的物质客体的运动变化特点来看，化学中的运动变化主要是指分子发生的质的转化，而不是分子物理运动状态的变化。

化学和物理学都是研究物质及其运动变化规律的科学，但不论是宏观层次的物质还是微观层次的物质，它们都存在化学的运动形式和物理的运动形式，因此，它们既是化学研究的对象，也是物理学研究的对象。化学研究物质的反应和质的改变，而物理学研究物质的基本结构、相互作用及其运动规律。

（二）化学学科关注研究对象的具体性和个别性

化学在研究对象一般性质的基础上，重点关注了其特殊性，这与着重研究一般公理的物理学形成了鲜明的对比。化学研究的对象，无论是元素、原子、分子，还是实物，都具有大量的个体，而且个体之间不是孤立的、互不相关的。从本体论来看，化学和物理学的研究对象都是分子、原子、原子核和核外电子，研究内容都是物质的层次结构和物质之间的相互作用。从这一角度来看，所有的化学相互作用都可以用物理学理论中的量子力学来解释，也就是说，化学理论都可以归结为物理学理论。但是从认识论的角度来看，化学侧重研究具体的、实际的物质的化学变化，从而形成具体的化学理论，解释具体的、多种多样的化学经验事实；而物理学的研究侧重从一般化、抽象化或理想化的研究对象（如质点、电磁场、微观粒子等）出发，揭示其运动规律，建立一般性方程，并对这些规律、方程进行解释，从而形成抽象化、形式化的理论。也就是说，从认识论的角度来看，化学理论和物理学理论存在特殊和一般的区别，化学用物理学的普遍性理论解释化学的经验事实并形成新的化学理论，而物理学中的理论已经"变形"，不再是原来形态的物理学理论。例如，化学热力学理论来源于物理学的热力学理论，但它有自己的存在形式、特点和特殊功能，已经不再是原来意义上的热力学理论。此外，从方法论的角度来看，认识一个层次的本质，就要深入下一个更深的层次中去，从化学理论到物理学理论的过程，从方法论上看是还原过程。还原是为了说明所要说明的问题，但就研究内容而言，是不能完全还原的。

相较于物理学的研究对象是具有高度抽象性和一般性的物理个体，化学的研究对象则是具有具体性和个别性的化学个体，即各种化学元素及其性质，以及由各种元素组成的不同化合物及其性质。当然，个别性不能表明化学研究仅仅停留在对个别性对象的认识上，还要进一步研究个别研究对象之间的联系和共同本质，从而使特殊认识上升到普遍认识。总之，化学的研究对象的一般性和特殊性是需要辩证地思考和对待的。

物理学理论和化学理论之间的关系，表现为理论的深度发展和广度发展之间的关系。量子论可以预测化学的某些问题，但不能用量子力学来解释所有的化学问题。

（三）化学学科从系统的视角把握研究对象

因为物质及其变化是一个复杂系统，所以化学要从系统的视角把握研究对象。从科学哲学的角度来看，化学学科具有以下两个特征：

第一，把重点放在解释各种各样的物质及其相互关系上，而不是把重点放在将一切还原成原子或基本粒子的一个基本单位上。

第二，关注变化（综合、转变），而不是描述世界的本来面目。

化学学科面临的问题复杂性要求从系统的视角把握研究对象，以此获得最为合理的阐释。有学者把化学学科的这种特征称为系统主义，即化学把构成事物的各个原因看成一个系统并加以分析。系统不仅仅是各个独立因素静止的集合，还包括各因素彼此之间动态的相互联系，这是与将物质还原为孤立原子的原子主义，或者将因素的简单聚合等同于整体并以此定义部分的整体主义相对而言的。有学者还把系统主义称为"高级的形而上学"，因为它是建立在根本性和复杂性的基础上的。

极端的化学还原论问题，即极端地把化学归并到物理学，或者把化学理论还原成物理学理论，是因为忽视了化学研究与物理学研究视角的差异性。有不少学者反对化学还原论，其论据就在于化学和物理学研究具有完全不同的视角和焦点。

穆勒曾用"原因组合原则"（多个原因的联合效应与其各自效应的总和相等）来区别物理学和化学运作的基本形式，认为物理学是演绎的科学，而化学不是。

化学中，很多事物的现象并不是其各自效应的总和，而是其联合作用形成的综合性结果。例如，两种物质结合产生的第三种物质的性质不是构成其本身的那两种物质的性质的和，而是完全不同于前两者的性质。但是对于物理问题，可以通过组合所有的原因来计算其影响，因为多个原因的联合效应就是其各自效应的总和。因此，物理学能够判断物质的各部分结构，但并不能进一步通过组合这些结构判断物质的性质，因为物质的最终性质并不完全是各部分结构及其性质的简单组合，而是不同原因联合作用形成的综合性结果，这一问题也必须通过化学解决。

（四）化学学科的研究内容涉及更多的人文性

化学学科兼具自然学科和人文学科的属性。化学学科的研究动力不仅来自纯粹科学理论发展的需求，更来自社会的、人文的和文化的需求。一方面，化学涉及环境、药理和等问题；另一方面，化学既是一门学科，也是一门产业。化学研究总是以其应用为研究目的。例如，从18世纪以化学科学为基础的酸碱工业使化学科学和工业生产产生了直接联系，到 19 世纪的有机合成工业，再到 20 世纪的材料、电子、航天、医药等工业，都需要化学科学的重要支持。也就是说，化学理论的背后常常涉及许多社会的、人文的和文化的问题，这些问题使得化学理论不仅仅具有科学性，还涉及更多的人文性，这就要求人们将化学理论置于一个更广阔的环境中进行更广泛的思考。

二、化学学科方法论的独特性

（一）化学从微观层次认识宏观事物

整个物质世界可分为微观、宏观、宇观三个基本层次，化学是在宏观和微观层次上认识物质及其变化的科学。物质的性质体现在宏观变化上，而物质的组成、结构等微观理论则是理解宏观性质与变化本质的依据。关于物质是由许多微小的、单个的粒子组成的学说，早在公元前就有自然哲学家提出。比如，德谟克里特提出的"原子论"，他认为，一切事物的本原是原子与虚空，运动为原子所固有。不同形状、不同体积的原子在旋涡运动中以不同的排列次序与位置结合起来，产生物体与物体的性质。

17 世纪，玻意耳指出，在不同的化学现象中，原子具有各种不同的形状，根据这些形状，人们能够解释微粒作用的机理。1803 年，道尔顿提出了最初的原子量表，把元素和原子联系起来，使原子可以分成不同类型，并赋予不同类型的原子相对重量，主张用原子的变化来说明各种化学现象和各种化学定律间的内在联系。道尔顿将原子理论融入科学实验中，使原子理论成为一门真正的科学，使化学从描述宏观自然现象转变到认识物质及其变化。

可以看出，不论是在古代，还是现代，人们对物质及其变化的认识和理解始终基于对微观粒子的猜测、假设和推断。换言之，只有了解微观粒子的运动变化，人们才能从根本上解释和说明宏观物质及其变化。从微观层次认识宏观物质及其变化是化学学科区别于其他学科的本质特征。

（二）化学学科研究具有经验性特征

化学研究以大量的经验为基础。目前，科学理论较为完善，很多化学反应及现象可以通过理论方法预测，但由于化学研究对象本身及化学反应进程的复杂性，其结果可能与理论存在一定的偏差，或者存在多种可能性结果。某一化学现象可能是在众多的因素作用下产生的,对其进行研究就需要通过大量的经验对现象背后的原因加以分析总结,从而构成理论,形成系统。例如,元素周期律就是以众多元素的化学及物理性质为材料,根据其相似性特征和内在联系总结形成的化学理论。此外,还有很多其他的化学概念、定律及假说,也是通过归纳的方法得到的。并不能因为化学学科的经验性特征就否定化学学科的科学性,认定化学学科是一门经验性学科,二者是完全不同的概念。化学学科本身的实验研究方法和经验推理方法并不能因为在化学研究中应用数学和物理的理论方法就被否定,只有理论的方法和实践的方法相互结合,才能完整详尽地描述物质的复杂化学运动形式。

化学学科研究的经验性特征决定了化学是一门以科学实验为基础的学科。任何一门自然学科都是以科学实验为基础的,而化学是实验性较强的学科之一。化学学科是使用特殊实验技术手段进行科学研究的学科,化学实验与其他学科的科学实验的区别在于化学研究的是物质的自身特性。人类认识自然界物质,可以从两个方面来把握:一是当物质自身相对不变时,考察其在时空中的运动及状态的变化;二是考察物质自身特性的变化。化学学科主要研究的是后者。化学学科要在物质自身特性的变化中了解物质的组成、结构和性能,又在对物质的组成、结构和性能的分析中进一步把握物质自身特性的变化。

理论推理和实践推理对于化学及其他学科都具有重要且不可取代的作用,在不同的情况下,二者发挥着不同的作用。理论推理是研究的普遍前提,是研究的基础;而实践推理可以弥补理论推理的不足,实践推理能够解决普遍性理论无法解释的特殊性和偶然性问题,还能为理论推理提供更为丰富、具体、翔实的细节和证据。对于化学学科而言,许多问题都需要实践推理的支持,因为化学问题同医学、生物学等理学问题一样,涉及更为广泛的环境系统及其内部因素之间复杂的关系,因此实践推理往往比理论推理更为有效。

实践推理是化学实验的重要组成部分,人们应根据实践推理自身的特点来使用,而不是把它看作化学学科"不成熟"和"低等"的象征。例如,化学中的溶液及其相关内容涉及热力学、动力学等原理,许多具体的特殊性问题仍然需要实践经验的支持。再如,复杂有机分子的反应或合成问题对于反应的理论推理和预设来说,只是理论推理的基础环节,从理论假设到实验合成再到投入生产的过程,受到取代基效应、溶剂效应等不确定理论因素的影响,涉及反应条件、步骤和安全性等操作性问题,还要考虑成本、效益等实际问题。因此,化学哲学也是一种行动哲学。

（三）化学学科具有一套独特的表征系统

化学学科的表征系统包括两个方面，即符号表征和图形表征。

首先，符号表征是化学学科的基本表征方式。化学符号语言是一个特殊的语言系统，包括化学元素符号、反应方程式、结构式、分子模型、图标等。其中，化学元素符号是最基本的化学符号语言，它是对具体化学客体的反映，是科学抽象的元素概念的形式表达。用化学元素符号代表原子，再用数字表示原子的数目，或者用一些特殊的符号表示物质的某些属性。使用化学元素符号表达化学方程式，可以简洁地表明化学反应的原理及结果，以及化学基本定律等。也就是说，化学元素符号是以化学式及反应方程式为主的技术语言中的基本语言符号，是所有化学理论和活动的基础，没有化学元素符号的化学方程式是不可想象的。基本可以认为，化学符号语言是化学学科的基本语言，是无可替代的基本工具，即化学不仅依赖文字，还依赖符号语言。

其次，化学学科的图形表征具有与生物、物理等学科不同的特征。生物的图形表征是象形的，是对微观实体的简化性表征，如细胞的结构、脱氧核糖核酸（DNA）结构等。物理的图形表征更多的是简洁线条表征，如力的作用方向、电子和磁场的运动方向等。相比之下，化学的图形表征大多是抽象性表征，即对难以观测的物质结构或现象，根据其性质及外在表现，基于一定的理论假设而想象、抽象出来的表征，如原子结构、分子结构模型（涉及化学键）、电子云等，还有如有机化学中的图形语言，以更形象的方式表明了物质的内在结构及其与特性的关系。化学学科的抽象图形表征能够支撑人们对物质及其运动规律的解释，并使人们以一种简洁、形象而准确的方式就化学问题进行交流。因此，与其他学科的图形表征相比较，化学学科的图形表征需要更高的抽象思维和想象能力。

第二节 学科育人及其价值取向

学科育人的价值取向可以分为学科普通育人和学科专业育人。本节内容主要从学科育人、学科普通育人、学科专业育人三个方面对基础教育的学科育人价值取向进行研究。

一、学科育人

（一）学科育人的内涵

"学科育人"是基于我国过去的学科教育提出的。过去的教学过于强调"学科本位"，忽略了教育"以人为本"的根本内涵，从而导致教育教学缺少对人的关怀。因此，"学科育人"这一理论表述重点在"育人"，用来强调学科教育教学应以人为本，指向人的发展。学科育人就是指通过学科教学和学习实现人的发展的活动。

相比于"学科教育"和"学科教学"，"学科育人"更能从本质上体现出学科对于人的发展的意义和价值。"学科教育"的定义主要是从教育类型的角度来确定，常常将其与非学科教育、通识教育、跨学科教育等作为相对的范畴，所以其概念的关键内容常常体现在对"学科"及其教育结果的具体内容和形式的陈述上，属于一种实体概念。例如，学科教育是指中小学对学生实施的以一定教学内容为载体，以与此相应的知识、能力为中心，以整体的文化培养为目的的教育。学科教育是传递以学科形式组织的人类生活经验、促进人类个体发展的教育活动。有关"学科教学"的定义则主要是从教育活动的角度确定的，其概念的核心主要体现在对"教学"这一具体活动及其特征的阐述上，也是一种实体概念。例如，学科教学是在学校的课程编制中以程序化的各门学科为媒介，作为教学活动而加以定型化的，是借助师生的互动而形成的兼具科学性和艺术性的一种创造性活动。现代学科教学是以学科学习为基础，传播和培育知识的过程，学科教学中的知识传播，其宗旨是促进学生知识的生成与生长，从而达到学生发展的目标。相比之下，"学科育人"的内涵主要是从教育的本质来确定的，其关键和核心集中在"人"上，落脚于人的发展需要，体现了学科与人的内在联系，是一种属性概念。属性概念具有实体概念所不能传达的内涵。它直接表达了学科与人之间的手段与目的关系。"学科育人"这一属性概念能够更好地帮助我们意识到学科教育和学科教学应以育人为目的，而不是以学生掌握学科知识为目的。在学科教育和学科教学过程中，人们应将人的发展需要凝结于学科之中，挖掘学科对于学生的意义和价值，使学科在教育中的角色从"自在之物"转变为满足人的发展需要的"为我之物"，赋予学科以价值导向。

然而，不论是学科教育、学科教学还是学科育人，都是关于促进学生发展的具体实践活动。具体实践活动的开展需要一定的价值取向的引导，因此要进一步讨论学科育人的价值及其价值取向问题。

（二）学科育人的价值

价值是客体对于主体的意义。学科的育人价值就是指由学科的特殊属性所决定的对于满足人的发展需要的价值。"人""学科""人的发展"分别构成了学科育人价值的主体、客体及内容。

1.具体现实的人是价值活动的基本出发点

"以人为本"是我国基础教育改革的基础。过去的几十年里，我国教育价值取向经历了由社会价值向育人价值的转变，确立了教育要以人为本的核心理念。然而，在当前教育理论和实践领域中，"人"却以一般化、抽象化和符号化的方式被看待，被赋予"知识人""工具人""技术人""理性人""抽象人""社会人"的属性，看不到具体的、现实的人及其作为价值主体的需要。把学生抽象化、一般化，是工业社会和分析理性主义、科学主义的产物。

我们提出要把学生当作"具体个人"去认识和研究。"人"不是由符号、图像、逻辑所构成的抽象、笼统的存在，他既不是有着固定不变共同本质的"类存在物"，也不是离群索居的"唯一者"，他是处在一定条件下进行活动的具体的，通过知觉实际被给予，能够在经验中观察到的"现实的人"。基于对"人"的观念的异化，教育实践活动开始以外界赋予人的属性和需要作为教育活动的基本出发点，而对具体现实的人及其价值进行冷漠处理，进而造成教育实践活动缺乏真实的价值指向。

总的来说，"育人"应以具体现实的人作为实践活动的基本出发点。

2.学科是学科育人价值的客观依据

价值客体是能够满足人的价值需要的客体，它所具有的属性和功能是价值产生的客观依据，但不是价值本身，只有当客体的属性和功能作用于主体并对主体产生影响时，其才实现了价值。就客体方面来说，客体与价值的关系不是实体与属性的关系，而是实体及其属性同主体的关系。属性是事物本身固有的性质、特点，学科的属性是由学科的内在规定性所决定的区别于其他学科的固有的性质，是客观性存在；学科的价值是学科之于人的对象性关系，是主体性的存在。属性内在地附属于客体存在，而价值并不是内在地附属于客体存在，二者相互独立。学科的属性是构成价值的前提和条件，基于不同主体的需要，体现不同的意义和价值。学科属性和学科价值不是等价关系，而是因果关系，即属性是价值的前提，但不是价值本身。例如，化学是在分子、原子等微观层次上研究物质的组成、性质、结构及其变化的学科，这是化学区别于其他学科的本质属性，但我们不能说这就是化学的价值，化学的价值是它所具有的属性使人们得以从微观的视角认识世界、解释物质变化的规律及原因、创造新的物质并改造世界等。把学科的属性等同于学科的价值，会造成学科教学实践的认知主义价值取向，从而把育人的过程等同于对学科知识的认识过程。因此，学科的育人任务不能停留在学科属性的解释和传达上，而应将学科的属性转化为主体所需要的价值。育人价值就是指促进人的发展的价值，换言之，人的发展是衡量一切教育价值的基本尺度。

3. "育人价值"是我国教育改革进程中出现的新表达

虽然"育人价值"是我国教育改革进程中出现的新表达，但其试图解决的并不是新问题，而是与教育共存的根本性问题。此前，相关问题的讨论常常用"教育价值"表述。后来，"育人价值"的表述开始取代"教育价值"，可以说，"教育价值"是"育人价值"的前身。然而，不仅仅是表述的变化，仔细考察、分析相关研究和讨论可以发现，从"教育价值"到"育人价值"，其价值指向发生了细微而深刻的变化。此前有关"教育价值"的讨论大都是根据教育的功能将教育价值分为认知价值、发展价值、工具价值、文化价值、道德价值、审美价值等，各种教育价值平行并重。比较来看，"育人价值"突出强调以人的发展价值统领其他各类教育价值，即人的发展价值起到提纲挈领的作用，由发展价值带动认知价值、工具价值、文化价值等的实现，或者说其他价值都服务于人的发展价值。

总的来看，人的发展逐渐成为教育的核心价值指向。因此，人的发展也就成为衡量教育价值的基本尺度。

（三）学科育人的价值取向

价值取向是人们根据自己的价值观而产生的心理上和行为上的稳定趋向，对人的意识和行为起着统领、定向和驱动作用。教育价值取向是主体根据自身发展的需要对教育价值进行选择时所表现出来的一种倾向或意向。我国的教育价值取向有三个层次：第一层次是国家和社会层面的教育价值取向，是有关社会发展取向和个人发展取向的问题；第二层次主要是教育理论工作者视野中的教育价值取向，是关于科学主义取向和人文主义取向的问题；第三层次是教育实践工作者在教育教学工作中的教育价值取向，是关于知识认知取向和素养发展取向的问题。

笔者认为，高中化学育人实践在很大程度上表现为学科专业育人的价值取向，而偏离了学科普通育人价值取向的轨道。学科育人中过度的专业育人价值取向，导致学科教学在满足学生发展需求、教学内容选择和教学过程组织等方面产生了一系列偏差，进而造成育人的低效甚至是负效应。因此，要在学科育人内涵的基础上阐释和区别学科普通育人和学科专业育人两种价值取向，进而阐明学科教育应以学科普通育人为主要的价值取向。

二、学科普通育人与学科专业育人

本部分主要阐释学科普通育人与学科专业育人的内涵，以及二者之间的关系，从而作为分析论证学科育人价值取向的基础。

（一）学科普通育人

学科普通育人是通过学科促进人的一般发展，即培养和提高学生作为普通大众应具备的一般素养。"普通"是一个包容性很广的泛化概念，通过"普通教育"的逻辑理解"普通"的具体内涵更有利于把握学科普通育人的本质。

普通教育是以全体大众为对象、以人的一般发展为目标、以普通文化知识为主要教授内容的教育。美国教育家赫钦斯指出，普通教育旨在为人们提供"共同的知识体系"，建立"共同的基本思想"，挖掘"共同的人性要素"，培养人们的智力，使其在任何领域都能发挥重要作用。还有学者认为，普通教育的目标不是把学生训练成在数学、地理、生物或任何其他领域中的专家，而是学生能够利用文化中的智慧和审美的资源，从复杂的世界中创造意义和秩序。将普通教育中的"普通"内涵迁移至对学科普通育人的理解中，即学科普通育人在目标上指向人的一般发展，就是指要促进人们进行任何广泛的活动都需要共同的、基本的智力品质的发展，换言之，要促进普通大众应具备的一般素养的发展。

一般素养是所有人发展的共同的基本要求。一般素养应具备三个方面的特征：必备性、基础性和通用性。

必备性是指一般素养是每个个体都必须具备的素养。一般素养一方面使人作为具备自主行为能力而不受他人随意支配的自主个体，另一方面使人成为能够行使公民权利和履行公民义务的社会公民。例如，具备基本的道德品质、生活常识和生活技能等。

基础性是指一般素养是作为个体终身发展基础的素养。一般素养是其他素养发展的基础，是专业素养或领域素养的基础，是人的专业化、个性化、多样化发展的基础。在一般素养的基础上，个体能够自主发展不同时代和不同领域所需要的关键能力，从而积极地顺应时代发展和适应未来生活。例如，具备基本的学习能力、科学探究能力、跨文化语言交流能力等。

通用性是指一般素养是在各类广泛活动中能够普遍适用的素养。例如，理性分析能力、问题解决能力、交流合作能力、批判创新能力等。

基于对人的一般发展需要的思考和对既有观点的分析，学科普通育人价值或者人的一般素养应从世界观、思维方式和行为方式三方面来考虑。其原因在于世界观、思维方式和行为方式是一整套关于人的认识与实践的系统机制，共同支配和调节着人们的日常认识与实践活动。

首先，世界观是思维方式和行为方式的基础和前提。世界的存在方式是人的思维方式的永恒客观依据。人的思维活动和行为活动不能凭空进行，而是基于一定的内在观念系统实现的。世界观、人生观和价值观共同构成人们的内在观念系统，是人们思维和行为的基本材料，思维活动和行为活动是基于对已有知识、理论和观点有选择、有目的地使用而展开的活动。世界观和方法论是有联系的、相一致的，且世界观决定方法论。世界观指明认识世界和改造世界的方向、方法和途径，为方法论提供理论依据和基本原则。也就是说，有什么样的世界观，就有什么样的思维方式和行为方式，科学的世界观决定人们科学的思维方式和行为方式，世界观的发展变化必然导致思维方式和行为方式的发展变化。简言之，世界观内在地影响并调节着人们的思维方式和行为方式。

其次，思维方式反映世界观，并支配着行为方式。思维方式是一定的世界观、方法论在人脑中的内化。思维方式是在世界观的基础上建构的关于如何认识和理解世界的方式和方法，即世界观内化为主体思维方式的同时，思维方式也在反映着主体的世界观。思维方式不是中性认识构架，思维方式是内在的包含着人们基本价值态度的看待世界和人生的方式和方法。基于此，我们可以推断，通过人们的思维方式可以判断其世界观的广度和深度，这也正是思维方式主体性特征的体现。此外，思维方式支配着行为方式。在人的实践活动中，思维方式规划和调节着实践的发动、运行和转换，是实践活动的内在运行机制。

最后，行为方式是世界观和思维方式的外在表现形式，同时影响世界观和思维方式的发展和变化。行为方式是在相应的世界观和思维方式的影响下形成的相对稳定的行为模式，即行为方式是世界观和思维方式的外化表现。但行为方式并不只是单方面地接受世界观和思维方式的影响，人的世界观和思维方式会在人的行为实践过程中被不断改造，从而在原有的基础上发展、变化。从根本上来看，世界观和思维方式是在人类改造世界的活动中产生、形成和发展的，是人的行为方式的结晶。人只有不断发展自身的行为和实践方式，才会不断完善对世界的基本认识，从而进一步优化思维方式。正如化学用科学探究的方式认识世界，使人们不断地认识到物质发生化学变化的本质是微粒相互作用的结果。

总的来说，科学、系统且完善的世界观、思维方式和行为方式共同构成了人的认识与实践机制系统，以此三者为目标的学科教学正是学科普通育人的体现。

在核心素养背景下，有必要对学科普通育人价值与学科核心素养的关系予以阐述。二者的关系主要体现在两个方面：一方面，二者都是学科育人价值的部分体现。学科核心素养是学科育人价值的集中体现，即学科核心素养是学科育人价值中最为核心、最为关键，以及最能体现学科特征的内容。学科普通育人价值是指学科对于满足学生一般发展需要的价值，即学科普通育人价值特指学科育人价值中最具有一般发展价值的内容。二者都是学科育人价值的部分体现，而不是全部内容。另一方面，二者的侧重点稍有差异。学科核心素养更侧重学科育人价值内容的关键性，即对于人的一般发展和专业发展都具有重要意义。学科普通育人价值主要侧重学科育人价值内容的一般性，即着重从人的一般发展需要考量学科育人价值。换言之，学科核心素养突出强调学科本身的特征，学科普通育人价值重点体现人的一般发展需要。

对学科普通育人价值的探讨为理解学科育人价值问题提供了另一种视角和思路，而将其与学科核心素养进行比较，有利于我们更清晰地认识和把握学科核心素养及学科普通育人价值的独特意义。

（二）学科专业育人

对学科专业育人的本质及特征的认识能够帮助我们理解其与学科普通育人的区别，有利于我们更深刻地把握学科普通育人的本质。学科专业育人是指通过学科促进人的专业发展，即培养和提高专门人才应具备的专业素养。学科专业育人主要是专业教育的任务与目标，专业教育以学科为划分依据，基于学科专业理论体系培养专门人才。比较而言，普通教育为学生培养了进入广博空间的能力，专业教育为学生提供了进入特定专门领域所需的知识、方法和技能。专业教育的"专"不仅体现在领域的特定性上，还体现在水准的特定性上。从这个角度来看，学科专业育人培养和提高人的专业素养，主要表现为使学生在某个专门领域获得超出一般水平的知识技能，以及可持续发展的能力，以满足其将来成为特定领域专业人才的需求。

（三）学科普通育人与学科专业育人的区别

与学科普通育人相比，学科专业育人更强调学科知识的系统性和专业技能的标准性。换言之，人的专业素养的发展实质是指人的学科专业知识的系统完备性和专业技能的标准熟练性。与一般素养的必备性、基础性和通用性特征相比，专业素养则表现出领域性、专业性特征。专业素养的领域性是指素养与特定的领域相关，大多数情况下只能适应某个或某类具体的活动而不是广泛多样的活动，即在一定范围内能够发挥效用，不能广泛迁移至其他领域，如化学学科研究中的理论分析能力、实验操作能力和数据处理能力等。专业性是指素养水平高度专业化，表现为深、精、细等特征，即内容深奥、方法精密、操作细致。高度专业素养所应用的实践范围往往都局限于专门的、学术的领域，因此较少与外部世界、受教育者的生活经验等产生普遍的联系。

三、基础教育学科育人的价值取向

（一）基础教育应以学科普通育人为主

基础教育学科育人到底应该如何定位？是以"学科普通育人"为主，还是以"学科专业育人"为主？为了回答这个问题，首先要明确基础教育的本质属性。何谓基础教育？从本质上来讲，基础教育是面向全体青少年的、以培养和提高他们的国民素质为目的的教育。基于培养和提高国民素质的功能及使命，基础教育被赋予"基础的""非专门的""不定向的"等属性，因此也常常被称为"普通教育"，即有关普通文化知识和能力的教育。基础教育之所以具有"普通"的性质，是由两点决定的：一是由其教育对象的特点决定的。基础教育阶段的学生处于人生早期阶段，各方面的素养尚处于发展初期，其潜能尚不确定，无法进行专业定向教育。二是由基础教育在教育体系中的功能决定的。基础教育的主要功能是培养学生作为普通大众所需要具备的各种素养，而基础教育之后的高等教育和各种职业准备教育则承载着专业育人的功能，旨在培养和提高学生作为学科专门人才所应具备的专业素养。因此,基础教育阶段学科育人的目标应主要定位于培养和提高人的"一般素养",即作为普通大众应具备的基本的、一般的素养,如语言表达与交流能力、逻辑推理能力、科学探究和论证能力、严谨求实的科学态度、人文理解与关怀素养等。"学科普通育人"应是基础教育的基本教育价值取向。

基础教育应以"学科普通育人"为主,但也应兼顾"学科专业育人"。基础教育,特别是普通高中教育,肩负着促进学生全面而有个性的发展,为学生适应社会生活、高等教育和职业发展作准备,为学生的终身发展奠定基础的任务。中华人民共和国教育部(以下简称"教育部")印发的《普通高中课程方案(2017年版2020年修订)》规定,确定课程内容应遵循基础性和选择性的基本原则。基础性是指面向全体学生,依据学生发展核心素养,精选学生终身发展必备的基础知识和基本技能,打牢学生成长的共同基础;选择性是指在保证每个学生达到共同基本要求的前提下,充分考虑学生不同的发展需求,结合学科特点,遵循学习科学的基本原理,分类分层设计可选择的课程,满足学生的不同学习需要,促进学生发展。可以说,"学科普通育人"旨在满足全体学生的共同发展需要,"学科专业育人"旨在满足少数学生的个性发展需要。只有在全体学生的共同发展需要都得到满足的前提下,才能进一步满足少数学生的个性发展需要。换言之,在基础教育阶段,学科育人可以在促进全体学生的一般素养发展的基础上,适度地发展那些具有学科专业兴趣和才能的学生的专业素养,即优先保证"普通教育",有限提供"专业教育"。虽然基础教育要兼顾"学科专业育人",为专业教育打基础和做准备,但其仍不是专业教育。

基础教育和专业教育在学生的发展中具有特殊的关系。一方面,二者都统一于人的发展。基础教育和专业教育在阶段上相互接续,在功能上相互依存,满足人的不同发展阶段的需要,保证人全面而有个性地发展。另一方面,二者对于人的发展都具有相对独立的意义和价值,即分别服务于人的一般发展和专业发展,不能相互取代。基础教育和专业教育的依存关系并不能抹杀其各自独特的育人功能和价值。尤其是不能认为基础教育是为专业教育服务的,从而在基础教育阶段就过早地以专业育人作为学科育人的标准或尺度,以"学科专业育人"取代"学科普通育人",导致基础教育自身功能和价值的弱化。

值得说明的是,不少人对基础教育和专业教育的关系存在一定程度的误解,即把基础教育看作为专业教育服务的阶段,遗忘甚至无视基础教育自身主要的功能和价值,导致基础教育的学科育人实践过早地由普通育人向专业育人偏离。这表现在学科育人目标主要定位于学科专业素养的培养上,即将为培养学科专门人才打基础的素养当作教学的主要目标,而较少地从学生的素养发展需要的角度思考和设计学科教学的目标。例如,学科教学的知识性和技能性目标过于专业化和精细化,脱离普通大众日常生活的实际需要。需要说明的是,不少人认为这个问题是由当前教育评价制度造成的,并生发出改革的无奈感和无力感。事实上,问题的根源还是不合理的育人价值取向,教育评价制度只是强化了这种取向。总的来看,基础教育,尤其是如今高中阶段的学科教育,在一定程度上脱离了"学科普通育人"而趋近于"学科专业育人",在很大程度上表现出学科专业育人取向,使基础教育逐渐演化为"专业准备教育"或"大学预科教育",造成当前学科教学的多重问题。

(二)基础教育学科专业育人取向的原因剖析

我国基础教育学科课程及教学由普通育人偏向专业育人是由多方面的原因导致的,下面分别从课程结构、课程设计、课程评价三方面予以分析:

1.分科的课程结构导致的逻辑惯性是形成学科专业育人取向的根本原因

从课程结构本身来讲,分科课程在一定程度上导致了学科专业育人取向的逻辑惯性。随着分科课程的产生及细化,出现了两种不同的思考育人与学科教学关系的路径:一种是从育人需要出发思考学科课程及其教学。这种课程的开设及其目标定位的逻辑是"育人目标—课程结构—课程目标",它表明课程结构及课程目标要为育人目标的实现服务。另一种是基于现有的分科课程及教学的现实去思考和设计学科课程,这是大多数课程实施者思考和设计教学的逻辑。基于既有课程及教学目标的规定,其课程教学设计的逻辑往往是"课程目标—教学目标—育人目标"。在这种设计中,学科教学的逻辑出发点是学科的课程目标及不同内容的教学目标,而育人目标是由课程与教学目标派生出的目标,其教学设计的第一考量因素是学科课程与教学目标的落实,第二考量因素才是人的发展目标的实现。在分科课程的现实环境中,大多数教师的育人逻辑往往表现为第二种。在学科教学实践中,育人目标被赋予派生性、附属性特征,而学科专业性的课程与教学目标却被赋予根本性、本源性的特征。

比较以上两种学科育人的逻辑,前者是一种自觉的逻辑,是在理论支持和理性反思基础上主动建构的逻辑;后者是一种自发的逻辑,是基于现有课程体系生成的逻辑,即由课程分科化环境造成的惯性逻辑。学科专业育人取向的教学逻辑普遍存在于教学实践中,有两方面的原因:一方面是由于不可抗拒的历史惯性。从教育发展史来看,分科教学是为了更好地实现育人目标而被提出的，相应地，学科教材编写、学科教学研究、学科教学和考试评价也表现出分科化、专门化的特征，其各项相关工作的轴心和基点逐渐从"人"转移至"学科"，由此"学科本位"的思想和做法逐渐形成，而为人的全面发展服务的最终目标却被淡忘了。另一方面，也是更重要的原因，则是由于学科教师缺乏理论建构、贯通、实践和反思等能力而形成的阻力。在教育政策、教育理念和总的教育目标向实践层面传达的过程中，理论和政策层面的价值观念和教师主观的价值观念共同作用，形成并决定了课堂教学最终的价值取向。当教师主体对学科育人的相关理论缺乏自主的建构或理论贯通实践的能力时，终究会无力抵抗课程分科化导致的"学科本位"的逻辑惯性，从而表现出学科专业育人取向。

2.学科课程设计与学科研究的向度混同强化了学科专业育人取向

学科课程设计与学科研究的向度混同，就是指将学科课程中人的发展逻辑等同于学科发展的逻辑。在学科研究中，每个学科都有自己的领域和边界，有自己基本的知识结构和研究方法，有自己的学科逻辑。但是，将学科转化为学科课程以后，其最大的变化是，学科课程先是为育人服务的，而不是为学科自身发展服务的。在新课程改革中，很多教师是从学科建设和发展的角度去思考学科课程内容的选择和教学过程的设计，而不是从学生发展的角度出发去思考学科课程内容的选择和教学过程的设计。最典型的表现就是，学科课程内容的结构主要追求与学科专业知识体系保持一致，而不是与学生发展需要保持一致。例如，高中化学课程分为无机化学、有机化学、化学反应原理、物质结构与性质等几个主题和模块，这实际上就分别对应化学学科体系的无机化学、有机化学、物理化学、结构化学等分支。基础教育课程与教学的目标不是培养从事学科专业活动的"专门人才"，而是培养能够有效利用学科进行一般生活实践的"普通大众"，这才是当前基础教育的主要矛盾，是基础教育改革的着眼点。以学科的发展逻辑代替人的发展逻辑的教学过于注重学科知识体系的全面性、系统性、学术性，而忽略了学科对于人的功能和价值。因此，学科课程设计与学科研究的向度混同实际上就是将人的发展和学科的发展混同，将人的一般发展和人的专业发展混同，将学科价值与育人价值混同。

3.课程评价方式是影响学科专业育人取向的现实因素

纸笔测验作为评价方式之一，具有简约性、客观性及精确性等优点，也能最大限度地确保评价的公正性，因此成为我国甚至世界各国学科学习效果评价的主要方式。然而，纸笔测验通常以学科知识作为测量的内容载体，导致其在评价内容上具有一定的局限性，即纸笔测验能比较容易地检测、评价学生的认知素养，如知识的掌握程度和判断、推理、分析、归纳、综合等认知能力的发展水平，但很难检测学生的交流合作、自我管理、责任担当等非认知素养的发展水平。在需要应试的前提下，课程实施者一方面要执行课程设计者的构想，一方面又要使课程更加符合现实需要及主流的价值观念，最终导致学科教学目标聚焦于考试中容易被测量的学科知识、认知方式等内容，而过滤掉那些难以被考试测量的非认知内容。

总而言之，在我国当前学科育人评价方式及目标的引导下，基础教育的普通育人功能被弱化，而其为培养专门人才打基础的功能，甚至是专业育人功能则不断地被强化。

第三节 高中化学普通育人价值实现路径

目前，我国高中化学教育教学在育人理念、育人方式和育人环境等方面都存在一定的问题，陷入了一定的困境，导致高中化学教师混淆了"应然"和"实然"的教育价值取向，使高中化学从普通育人转变成专业育人。基于此，下文从育人理念的优化、育人方式的转变、育人环境的完善三个方面探讨高中化学普通育人价值实现的可能路径。

一、优化育人理念，促进育人质量全面提升

基于当前高中化学普通育人价值实现过程中出现的问题，可以从化学学科与学生发展之间的价值关系、价值实现原理、普通育人价值认识三个方面优化高中化学教师的育人理念。

（一）厘清价值关系，重申育人取向

价值关系是客体属性与主体需要联系在一起时产生的现实关系，同一客体会与不同的主体或主体需要产生不同的价值关系，即对象主体的差异性决定了价值关系的差异性。在价值实践前，有必要澄清主客体之间的价值关系，即确定主体的价值需要、客体

满足主体特定价值需要的属性,以及二者之间的关系,这一步骤是决定价值实践有效性的基本前提。当前,高中化学育人实践中出现的价值主体地位缺失、价值关系模糊、价值内容空泛等问题,在很大程度上源于对化学学科与学生之间价值关系的认识不足,因此有必要基于化学学科属性和学生发展需要,认识、厘清与建构高中化学学科与学生之间的价值关系。

1. 认识化学学科与学生的可能性价值关系

学生与学科之间不存在天然的价值关系,而是潜在的、需要挖掘和建构的价值关系。就客体方面来说,客体与价值的关系不是实体与属性的关系,而是实体及其属性同主体的关系。属性是事物本身固有的特性,只有当客体的属性完全符合主体的需要时,二者之间的可能性价值关系才会转化成实际的价值关系。学科的属性是学科育人价值产生的客观依据,但不是价值本身,只有当学科的属性作用于学生并对学生产生影响时,才能实现其育人价值。主客体之间可能性的价值关系说明,客体对于满足主体需要的价值关系需要在科学认知客体的基础上有意识地评价和建构其对于主体的价值,这种基于客体属性和主体需要建构的价值关系才是现实的、有效的价值关系。高中化学教师需要摒弃原有的化学学科与学生之间存在必然性价值关系的观点,不能认为"学了就是发展了",而应客观地认识到化学学科与学生之间的可能性价值关系,并在此基础上尽可能科学合理地理解化学学科与学生发展需要的价值关系。

2. 厘清化学学科与满足学生不同发展需要的价值关系

基于主体及其需要的差异,学科体现了不同的意义和价值。换言之,学科与学生之间可能存在多种价值关系,如满足学生认知需要的价值关系,满足学生发展需要的价值关系,还有满足学生一般发展需要或专业发展需要的价值关系,等等。主体及主体需要的差异决定了价值关系的多元性、层次性和丰富性。在化学育人实践中,化学教学的决策在一定程度上是基于未经检验的假设和惯例而做出的无意识决策,这种未经澄清和确认的无意识决策可能导致价值关系具有盲目性和随意性,进而造成育人价值的浪费。正如价值澄清学派主张价值要基于三个过程,即选择、珍视和行动。因此,需要对学生与化学学科之间的价值关系进行澄清和确认,以保证育人价值实践是主动的、自觉的、成熟的。

当前,高中化学育人表现出的价值关系模糊问题,具体是指无法清楚地认识化学学科对满足学生专业发展需要和一般发展需要之间的价值关系。专业发展需要以满足"专门人才"的发展需要为目标，即从培养化学学科专业工作者的角度思考和设计学科育人的方式；一般发展需要以满足"普通大众"的发展需要为目标，即从培养具有高素养的普通大众的角度思考和设计学科育人的方式。对于学生的专业发展需要而言，化学学科的价值体现在为学生提供系统的化学知识、专业的化学研究与实践技能和素养等方面；而对于学生的一般发展需要而言，化学学科的价值体现在提升和完善学生的世界观、思维方式和行为方式，使其能够应对生活中更为广泛的事物上。基于不同的学生群体及其价值需要，化学学科应表现出不同的价值。教师只有认识并厘清专业发展需要和一般发展需要的区别与联系，才能够在教学中辩证地处理好二者之间的关系。

3.建构化学学科与满足学生一般发展需要的价值关系

一切价值实践活动首先要澄清对于谁或什么人的何种价值。在认识和厘清化学学科与学生之间可能性价值关系的基础上，我们要进一步明确并建构高中化学学科与学生之间的价值关系。从全体学生的未来发展方向来说，学生的身份首先是一般的社会公民，然后才是具备某种专业素养的专门人才。高中化学教学目标首先应满足学生一般发展的需要，在此基础上再进一步满足其专业发展的需要。人的身心素质发展是基础教育的总目标。每个学科都有自己特有的属性，能够满足人的不同需要，并能促进人的不同素养的发展。因此，我们应基于学生的一般素养发展需要建构化学学科与学生之间的价值关系；应从世界观、思维方式和行为方式三个方面分析如何在教学中实现化学学科普通育人的价值。

（二）审思价值原理，明确育人机制

审思价值的本质及其存在的依据等基本原理，有助于从本质上把握学科育人价值及其实践方式。简言之，对学科育人价值原理的把握，就是对育人机制的把握。

1.学科育人价值的本质是意义而非占有

价值是客体满足主体需要的意义，只有客体对主体有用，才能称为有价值。认识学科育人价值，就是认识作为学科的客体对于学习主体的意义。学科教学的发展性并不是由学生占有多少符号知识来决定，而是由符号知识这一中介建立起的学生自我与客观世界的意义联结而决定的。也就是说，对化学知识的简单传递和占有并不能从本质上促进学生的发展，若要促进学生的发展，就要使化学知识及学习化学知识的过程具有意义和价值。

基于不同尺度,知识的价值可以分为以知识为中心的学科价值和以个人发展为中心的育人价值。以传递化学知识为目的的化学教学仅实现了化学作为一门知识体系的学科价值,并未实现化学作为一门课程的育人价值。只有当化学教学内容与"特定学生"的需要联结在一起时,才会产生育人的价值。

仍有高中化学教师在教学实践中表现出严重的"知识本位"倾向,把对化学知识的简单占有当作育人的主要目标。从根本上来看,其实质就是把学科育人价值理解为对知识的占有,而不是知识对于学生的意义。若要改变这种"知识本位"的教学价值观,就要明确化学教学应从学生的立场出发,思考化学知识发挥何种功能才能促进学生的发展,而不是站在化学知识的立场,考虑学生应该如何占有化学知识本身。未站在学生立场的化学教学忽略了化学知识对人的意义和价值,表现为"知识本位"的学习和教学具有盲目性、机械性等特征。化学教学不仅仅要思考作为认识对象的知识,还要探讨作为认识主体的学生与化学知识的价值关系。

2.学科育人价值产生于主客体之间的相互作用

在化学学科育人中,主体客体化是指学生主体将自身的观念、情感和能力等作用于化学学科客体上进行学习的过程;而客体主体化是指化学学科客体及其相关活动对学生主体的世界观、思维方式和行为方式产生影响的过程。价值存在于主体与客体的价值关系中,存在于客体对主体的作用和影响中。在化学学科教学中,只有当学生主体作用于学科客体时,客体才能反向作用于学生主体,这样的学习活动才能实现学科育人的价值。在教育中,学生参与活动(即发展性活动)的最终目的是促进自身的身心发展,即实现客体主体化,在这种情况下,主体客体化只是为客体主体化服务的。也就是说,主体客体化是实现客体主体化的手段,实现客体主体化才能真正地实现学科育人的目的。

化学育人在很大程度上把讲授化学知识当作化学教学的主要目标甚至是唯一目标,在教学过程中以教师的讲授为主,学生大都处于听讲和记笔记的状态,课堂中缺少学生主体和学科客体之间的相互作用,混淆了主体与客体、手段与目的的功能关系。以教师讲授为主要方法的化学教学缺少主体客体化的活动,相应地,必然不能实现客体主体化,从而导致化学育人价值的缺失。另外,也有不少教师在教学过程中设计组织其他活动,然而这些活动往往形式大于实质,没有充分实现学习过程中的主客体的相互作用。例如,化学教学中虽然引入了情境来调动学生的注意力,但没有基于情境开展一系列的以学生为主体的多元实践活动。化学学科育人实践中主客体相互作用活动的缺失或不足,都不能很好地实现客体主体化,即实现学科育人价值。

基于此，应充分开发可以调动学生主客体相互作用的活动，使学生主体在活动中获得发展。此外，还应注意到，主体客体化活动的开发不是盲目机械的开发，主体客体化活动的开发应以实现客体主体化为依据和原则。具体而言，应以学生的世界观、思维方式和行为方式的发展和提升为依据，开发学生的主体客体化活动并调动学生参与的积极性。

（三）完善价值认识，丰富育人内容

价值认识是指教师对化学学科育人价值的认识和理解。提升和完善教师对化学学科育人价值的认识，不仅有助于教师在教学中丰富育人的价值内容，还有助于促进学科育人价值的实现。

1. 整合化学培养学生世界观的认识

当前，不论是在理论领域还是在实践领域，都是由学科知识的认知转向对学科观念的理解和掌握。这一变化较之以往的教学观念有了较大的跨越，但仍需注意，不论是学科知识还是学科观念，都要从学科角度阐述，从学生需要的角度对其进行组织和整合。例如，"微粒观"是一个重要的化学学科观念，那么学生为什么要形成"微粒观"，"微粒观"应该被置于学生既有观念中的哪个部分，这些问题都还没有得到应有的重视，导致化学学科中很多类似的观念，如"元素观""变化观""性质观""能量观""守恒观"之间缺少互动，未能形成系统化、结构化的有机整体。据调查，高中化学教师能够列出不少学科观念，并认为它们能够帮助人们认识和解释世界，但很少有教师讨论这些学科观念之间的组织关系，以及其如何服务于人们认识和解释世界。因此，应基于化学学科的特征，从物质观和变化观两个方面整合教师通过化学培养学生世界观的认识，使化学学科观念系统化、组织化、结构化，从而能够更好地与学生的已有观念相融合。

2. 深化化学培养学生思维方式的认识

教师对化学培养学生辩证思维和模型思维的认识相对充分，但很少讨论研究宏观-微观思维和系统思维。高中化学教师在教学过程中对于宏观-微观和化学系统的问题往往以具体的知识点的形式处理，而较少跳出知识的框架，从思维方式的角度认识和处理相关的教学活动。因此，要深化教师对化学学科思维方式的认识和理解，让教师在教学中有目的、有计划地引导学生运用化学学科的思维方式认识和理解学科内和学科外的种种事物。

深化教师对化学学科培养学生思维方式的认识，可以从两个方面着手：一方面，教师要了解思维方式和思维方法的区别与联系。思维方式是指人们认识和理解事物的方式，思维方法是人们进行思维活动的工具和手段，如归纳、演绎、分析、综合等。思维方法是构成思维方式的具体要素之一，但不是思维方式本身。思维方法与思维形式、思维内容、思维结构等共同构成人们的思维方式。在学科教学中应注意，不能以思维方法取代思维方式，认为归纳、演绎、分析、综合等就是思维的全部。另一方面，教师应明确并细化化学学科思维方式的具体内容。化学学科对于培养学生的宏观-微观思维、模型思维、系统思维和辩证思维具有重要价值，教师应注重这些思维方式在化学学科中的具体体现，并进一步思考应根据哪些知识内容发展相应的思维方式。

3.加强化学培养学生行为方式的认识

人的行为方式虽由世界观和思维方式决定（人所具有的世界观和思维方式内在地控制和调节着人的行为方式），但行为手段、方法、形式等外在表现是需要在具体的实践活动过程中不断地培养和发展的，这说明世界观和思维方式的培养并不能取代行为方式的培养。在化学教学中，教师需要通过特定的、具体的实践活动促进学生行为方式的发展和提升。

二、转变育人方式，保证育人价值有效落实

高中化学教师在教学目标的设计、教学内容的选择和教学活动的组织三个方面都存在不同的问题。因此，需要从这三个方面针对教学实践中的具体问题提出解决方法，从而保证育人价值的实现。

（一）转化教学目标，由知识走向价值

1.将知识性目标转化为价值性目标

在"知识本位"教育观念的影响下，高中化学教学实践以知识性目标为主，缺少价值性目标，即缺少对知识育人价值的思考。教育的"知识本位"倾向是指以知识传授为中心并止于知识传授的教育倾向。教育的"知识本位"倾向将教学的目的囿于知识传授，在以知识传授为目的的逻辑影响下，教学的意义自觉转变为"教知识"，导致价值性目标的缺失。价值性目标的缺失，其根源在于教学价值观的缺失。

叶澜基于"新基础教育"的研究和实践，提出了三重结构的新教学价值观：教学共通价值观、学科教学价值观、课程教学设计价值观，即教师应先从整体共通的层次上思考"育人"的根本目的，再将其转化为学科层次上的育人价值问题，并进一步将其落实在具体的教学设计之中。因此，教师思考学科教学目标的逻辑应该是"人的身心素质发展目标—学科育人价值—学科教学目标"。学科教学目标的设计必须基于人的身心素质发展的要求和学科的独特属性，挖掘学科的育人功能和价值，从而使学科教学目标与人的发展目标相统一。例如，当前世界各国都将"思维能力"作为学生素养发展的重要内容之一，各个学科应结合自身的独特属性，思考本学科教学能否促进学生思维能力的发展和提升，以及如何促进学生思维能力的发展和提升。对于化学学科而言，其能使学生从原子、分子等微观层次和物质及其变化的宏观层次双向地认识和理解物质及其变化的本质和规律，从而形成宏观-微观思维，使学生通过感受和理解量变与质变、变化与平衡等物质运动变化规律提升自己的辩证思维，等等。

2. 将价值性目标转化为实践性目标

化学学科育人的价值性目标是学生的发展，或者说是学生的素养的发展，这是一种抽象的目标形式。只有将价值性目标转化为具体的实践性目标，才能保证学科育人价值的有效落实。育人目标和育人过程中的价值内容空泛的问题，都源于将抽象的价值性目标照搬进学科育人实践之中，导致目标空泛、目标与实践相分离等情况的出现。化学学科育人实践需要的是具体的、可操作的实践性目标。因此，将抽象的价值性目标转化为具体的实践性目标是高中化学普通育人价值实现的关键。

价值性目标转化为实践性目标可从以下三方面入手：

（1）将整体素养拆分为活动素养

整体素养是指学生的综合素养或全面发展的素养，活动素养是指学生从事某种单一活动所需要或所表现出来的素养，整体素养由活动素养构成。学生的整体素养是在不同活动素养发展的基础上逐渐形成的，换言之，学生的整体素养的发展需要通过活动素养的发展实现。整体素养需要在很长的教育进程中逐渐形成并不断完善，将整体素养直接作为化学学科的教学目标会使目标空泛、空洞，从而无法得到实现。将整体素养拆分为各个具体的活动素养，以此开发和实现化学学科的育人价值，则更具有现实意义。

（2）规定素养的外在活动表现

学生的素养是在学习中形成、发展和显现的。素养是抽象的存在，一方面它需要通过学生的具体学习活动形成、发展，另一方面教师既通过学生的外在活动培养和发展学生的素养，又通过学生的外在活动表现观察和评价其相应素养发展的水平。简言之，素养的外在活动表现是素养目标和教学实践的沟通中介。

（3）设定活动所需的条件

"应用科学原理和证据，解释改变反应粒子的温度或浓度对反应速率的影响""使用数学表征方法，论证化学反应中原子守恒决定质量守恒"两个外在活动表现分别是"解释""论证"，而"应用科学原理和证据""使用数学表征方法"则是"解释""论证"外在活动的前提。很明显，通过对活动条件的明确设定，能够明显地感觉到目标的具体性和可操作性。事实上，设定活动条件就是设定素养及其外在活动表现的实现路径，将目标和期望付诸具体实践。

总的来看，将抽象的价值性目标转化为具体的实践性目标，就是要清晰而明确地设定活动素养目标及其外在活动表现和活动条件，并使三者环环相扣，相互连接，构成一个完整而又稳固的目标结构。

（二）整合教学内容，由重专业走向重生活

化学育人实践中，不少教师在教学内容的选择上比较重视化学概念和原理等专业性内容，而淡化或漠视与日常生活相关联的内容。化学学科教学实践倾向于基于学科的逻辑来选择教学内容，而不是从学生发展需要的逻辑来选择教学内容，这导致教学内容过于专业化，所学知识不能为学生所用，从而处于"新读书无用论"的尴尬境地。"新读书无用论"出现的原因在于学校将"科学知识"作为教学重点，忽视了对"生活世界知识"的传授。"生活世界知识"的获得要求教学内容联系学生的日常生活，只有基于学生及其生活的立场去选择、设计和整合教学内容，才可能填补"科学知识"与"生活世界知识"之间的沟壑，实现知识的效用。

整合化学教学内容，使其从重专业走向重生活，最为关键的是对化学知识、化学观念、化学思维的处理与转化。因为学科知识、学科观念和学科思维是一个学科最为基本和核心的内容，但同时也是最学科化和专业化的内容，最容易脱离学生日常生活的需要。教师应将化学知识、化学观念及化学思维处理成适合所有学生日常生活需要的内容，从而实现化学学科对于促进人的一般发展的功能和价值。

1.将对化学知识、观念和思维本身的关注转向对其指向的生活意义的关注

化学知识、观念和思维是化学学习的重要内容，但它们不是化学教学目标本身，它

们是达成育人目标的载体。当前，化学教学目标专注于学习内容本身，而忽视了对学习内容所指向的更为广泛的生活意义的探寻。意义是事物存在的原因、作用及价值，缺乏生活意义思考的学习就是仅仅学习了一堆与学习主体的生活毫不相关的专业理论和事实。例如，美国教育心理学家戴维·珀金斯就曾用数学中的知识举例，认为二次方程和统计与概率知识虽然都是数学学科素养的组成部分，但从实用性来讲，前者属于"没有什么生活价值"的专业技术性知识，而后者则更有可能在学生今后的日常生活中发挥作用。只有对知识生活意义进行探寻，才能褪去知识的专业性外衣，还原知识本来的样貌，使知识与知识、知识与学生、知识与生活产生联系，产生更具有普遍意义的价值。有学者曾提倡通过"情境分析模式"选择课程内容，即根据学生的"生活情境"选择课程与教学内容，相应地提出"家庭""公众性""职业""休闲"四个领域的课题，使教学的内容与学生的生活相适应。美国学者内尔·诺丁斯通过反思"学校应该教授哪些知识"，提出"自我理解""战争心理学""房与家""他人""为人父母""动物与自然"等与个人生活相关的主题。对于化学学科而言，基于其与人类生活的关系，可将化学划分为生命化学、环境化学、能源化学、药物化学、材料化学等主题，将不同主题与所学知识联系起来，有助于学生理解化学知识的意义和价值。

2.将有关化学知识、观念和思维的专业性论题转化为综合性论题

美国教育学家约翰·杜威提出，教育考虑社会关系的程度决定了教育所具有的普通性质的程度。《哈佛通识教育红皮书》中也提出，当科学现象越来越远离个人经验、越来越复杂、越来越抽象时，就必须从其他背景（即文化背景、历史背景和哲学背景）来学习科学事实，对一般的学生来说，只有这种更广阔的视野才能为科学的信息和经验赋予永久的价值。学习论题涉及的人类社会活动越广泛，学生的活动范围就越宽广，学习结果的可迁移程度就越高，教育所具有的普通性质就越显著。比如，"分析化学在解决能源危机中的重要作用"就比"分析原电池在能量转化中的作用"更能引起学生的思考；"分析碳循环与地球生态的关系"就比"分析二氧化碳、碳酸盐与有机物之间的相互转化关系"更能引起学生的讨论。

3.将对化学知识、观念和思维内容的局部理解转变为整体理解

当前，化学育人目标在被细化为每堂课的教学目标时发生了变化，对知识的整体理解的目标被细化为对每堂课的知识点的局部理解的目标，导致教学对人的发展的指向性越来越弱，而对于化学专业知识学习的指向性越来越强。为了避免化学学科教学以细碎的化学学科知识为主,"大概念"和"核心概念"等问题开始受到关注,其目的就是通过"大概念"和"核心概念"将知识点联系起来,促进学生对知识有整体的、连贯的理解,进而能够理解和解释更多的事物和现象,从而更有效地发挥化学学科知识的普通育人价值。

(三)优化教学活动,由重学术走向重日常

教学活动是教师为促进和激发学生的学习,安排和组织的一系列外部活动。在化学学科教学中,学生的学习活动主要是学术性认识活动。学术性认识活动是指偏重概念化思维(将同类事物进行抽象形成概念)、分析化思维(将整体事物分解为部分)、模型化思维(以公式、方程、图形等形式描述实际事物及事物之间的关系)等方式,并主要运用归纳、演绎、分析、综合等逻辑方法进行的认识活动。日常性认识活动则指通过观察、模仿、体验等直观的方法进行的认识活动。当前高中化学教学活动表现出典型的学术性特征,即着重对化学抽象概念及其逻辑关系进行阐释,轻视对化学教学内容的实践性和生活性拓展。对于基础教育中的化学教学,过度的学术性认识活动可能会导致化学学习与学生生活割裂,而日常性认识活动更符合学生的一般认知方式,也更契合学生的生活需要。化学教学应开发更多与日常生活实践相似的学习活动,使教学活动从重学术走向重日常,完成这个过程需要实现以下两个方面的转变:

1.符号研究活动转变为符号实践活动

郭思乐指出,基础教育课程的本体应该是有关符号体系的建立和使用的"符号实践",而不是以符号和符号实践的再探查、描述和审视为主要形式的"符号研究"。符号研究本体课程导致虚体课程膨胀,学非所用,远离人的生活,严重压抑人的学习积极性,阻碍教育质量与效率的提高。符号研究本体课程中的知识不是基础教育所需,而是某方面的专家所需。符号研究活动注重对教学内容的向内收敛,重视知识的逻辑结构、内部关联、深度递进,即知识的系统化程度、关联程度和抽象程度;而符号实践活动则更注重对教学内容的向外扩展,重视知识的发散,以及知识与情境的融合,即知识的发散程度和迁移程度。当前高中化学教学大多以符号研究活动为主,缺少符号实践活动。

教学在一定程度上被看作一种特殊的认识活动,其特殊性不仅表现为认识目的和认识对象的特殊性,更表现为认识活动方式的特殊性。但是,一味强调认识活动方式的特殊性,容易使教学活动脱离日常生活实践活动,使教学活动方式走向学术化和非日常化,造成人的学习活动与日常生活实践活动的对立。例如,学生可能会写盐酸和次氯酸钠反

应生成氯气的化学方程式,却意识不到混合使用以盐酸为主要成分的洁厕灵和含有次氯酸钠的消毒剂的危险;学生或许能够准确说出燃烧的三要素,却不能正确处理身边突发的火灾。在化学教学中,教师应注意避免过多的符号研究活动,应将化学知识学习与日常生活实践相结合,开发更多符合日常生活实践的学习活动。例如,提供真实可行的讨论主题,使学生真实参与论点评估、论据收集及观点论证一系列活动,从而调动其参与分析评估、资料收集、归纳总结、推理论证、表达交流等活动的积极性。

2.结构良好情境中的活动转变为复杂情境中的活动

日常生活中解决问题的情境大多是涉及多方面因素的复杂情境,而在化学课堂教学中,学生解决问题的情境则多为被处理好的结构良好的情境,简化解决问题的情境便于学生快速把握知识的关键特点,从而提高教学的"效率"。有研究指出,对复杂知识过分简单化的处理,会造成学生的认知缺乏弹性,使知识难以迁移到日常生活实践中,导致学生无法有效地学习知识。相比于线性的学习环境,非线性的学习环境更有利于发展学生的认知弹性,使学生能更灵活地适应解决实际问题的需要。换言之,复杂情境中的学习比结构良好的情境中的学习更有助于学生对知识的认知、建构和迁移。在复杂情境中开展的学习活动,更能引起学生对知识内部以及知识之间复杂联系的思考,建构具有个体意义的弹性认知,使其能够灵活地应对日常生活中的复杂问题。化学教师要转变理念,使学生在更贴近日常生活的复杂情境中对化学知识进行探索和建构,此时,化学教师的教学目的不再是以简单的方式向学生呈现信息,引导学生进行信息加工,而是密切观察学生建构知识体系的情况,在必要时引导、激发和促进学生以正确的方式对知识进行访问,从而形成关于知识的整体的、全面的认知和理解。

总的来说,教学活动与实践活动应该是统一的。约翰·杜威的"教育即生活"、布鲁纳的"教育是一种生活方式"等主张,无不强调教育教学活动方式应该回归生活化,因为只有生活化的教学方式才能发挥学科的普通育人价值。

三、完善育人环境,保障育人实践良性循环

育人环境是指影响教师的育人理念、教育方式和态度倾向的外部环境。根据调查发现,教师所在学校或者学区的管理环境,以及教师群体之间形成的人文环境,会使不同教师在育人理念、方式及态度倾向上存在显著差异。在比较完善的管理环境和积极的人

文环境中，教师往往表现出教学投入多、育人改革实践积极、自我提升意识强等优点，而在比较松散的管理环境和消极的人文环境中，教师则往往表现出教学投入不足、育人实践懈怠、自我提升意识不强等问题。基于此，下文从育人的管理环境和人文环境两个方面探讨提升教师育人能力和强化教师反思意识的可能途径。

（一）创设良好的管理环境，提升育人能力

管理环境制约和影响着教师一系列的教育行为，合理的管理环境能够保障教师育人工作的有效开展，为教师的自主发展提供外部支持。

1.强化育人导向的管理体制

根据调查，不少高中化学教师所处的管理环境将学生的考试分数当作教学工作开展和评价的首要依据，反而缺少育人导向的评价机制。建立并强化育人导向的管理体制，应从教育理念、教育方式和教师评价方法上一以贯之地强调并落实基础教育化学学科教学应以学生的一般素养发展为主的原则。强化育人导向的管理体制，首先可以从以下两个方面展开：

其一，拓宽化学教师育人素养的培养渠道。形式多样、内容丰富的教研培训交流活动能够为教师育人理念和能力的提升提供切实帮助。有化学教师结合自身的工作感受表示，高中化学老师一定要有理论基础，否则很难设计出很好的化学课，所以化学教师要加强理论知识的学习。根据调查，不同环境中的化学教师在一学期内能够参加的校外交流培训活动从一两次到二十次不等，相比较而言，参加更多培训交流活动的化学教师对化学学科育人的思考会更为深入，并且在教学中具有更强的育人意识。

其二，建立以学生发展为依据的化学教师评价方法。在学校管理中，对学生的评价事实上就是对教师的评价，评价学生的依据决定了评价教师的依据。在以学生考试分数评价化学教师教学水平的管理环境中，化学教师更倾向以传统的方式提升学生成绩，而不愿意"冒险"尝试更符合学生发展需要的教学理念和方法，这样很可能导致学生成绩和学生素养的不对等。因此，要设计以学生发展为依据的教师考评方法，鼓励化学教师将学生的发展作为思考和设计教学的根本出发点。

2.构建并实施教师主体参与机制

在教育教学发展与改革中，很多化学教师并没有真正地以主体身份参与进去，化学教师缺乏参与感和责任感，导致消极应对化学教学改革。构建并实施教师主体参与机制，

对于提升教师的育人能力并保证育人实践的良性循环具有关键作用。可以通过赋予化学教师在教学共同体中的具体权利和责任，提高化学教师的主体参与意识。例如，育人作为一项复杂的创新活动，其准备工作和实施工作涉及多个环节，包括教学目标的设计、教学内容的组织、教学活动的设计、教学工具的选择等。那么，可以根据化学教师的专长及兴趣，把这些环节中的工作作为任务分配给教学共同体中的每个化学教师，进而在日常的教学交流和研讨活动中，为化学教师提供切实有效的信息或方法指导，提升化学教师的参与感和责任感。在这样的主体参与机制中，每个化学教师都能充分调动自身的主体意识，认识到自身的责任，与其他化学教师在交流学习中优势互补，使育人能力得到充分的发展和提高。

（二）营造积极的人文环境，强化反思意识

育人的人文环境是指由一定范围内的教师群体的态度、观念、行为方式等形成相对稳定的环境和气氛，它潜在地影响着教师的育人理念、方式和态度倾向。

1.引导教师积极地自我定位

教师积极的自我定位能够提升其自我认同感，以主体身份投入教育发展和改革事业中，促进教师从被动参与转变成主动发展。可以从以下两方面引导高中化学教师进行自我定位：

一方面，要使化学教师意识到自己不仅仅是教育改革的参与者和实施者，更是教育改革的研究者和决策者，化学教师要以当事人的身份参与教育的发展与改革。教育是一项不断发展创新的事业，化学教师是推动教育事业发展与改革的关键人物，只有教师提升自我的身份认同，才能以主体身份不懈地参与教育的发展与改革，并在其中获得职业成就感。

另一方面，要使化学教师认识到教育改革中的新理论、新观念不是推翻其以往教学的异己力量，而是为其教学改革提供创新的辅助动力。在现实中，有不少化学教师对教学改革中的观念有抵触心理，其原因在于教师认为新理念、新方法是对自身教育理念和方法的否定，从而不参与教学改革。在传播教育改革的理念和方法时，应注意对教师原有基础的关照，使教师能以积极的自我定位学习教育改革的理念和方法。

2.鼓励教师自主构建个人教育哲学

调查发现，很少有化学教师能就学科育人问题从育人取向、育人价值和育人方式等

方面系统地阐释自己的教育理念，即对学科育人缺乏清醒的认识。化学教师对教育的基本问题缺乏深入、系统的思考，很可能导致化学教师因缺乏基本的教育信仰而迷失在众多教育理论之中，最后出现盲目跟风的现象，甚至受消极环境的影响导致工作懈怠。化学教师个人教育哲学的构建，有利于重塑自己独立、自主的人格。因此，从环境方面来说，化学教师个人教育哲学的构建，一方面能够使化学教师以积极的教育观念避免消极的人文环境所带来的影响；另一方面，又能促进化学教师群体之间的深度对话和沟通，以及化学教师的自我反思和提升，从而营造出更为积极的人文环境。

最后需要说明的是，虽然外部环境是影响化学教师育人实践的重要因素，但化学教师自身的观念和态度才是决定育人实践是否能够有效促进学生发展的关键内因。无论身处什么样的外部环境，化学教师都要不断提升、优化自身的教育理念，并积极改进育人方式，从而最大限度地实现学科育人价值，促进学生有效发展。

第二章 化学教学理论基础

第一节 指导化学教学的基础理论

化学教学过程是特殊的认识过程，其特殊在于它是个体（学生）对化学学科知识的认识过程。化学教学过程具有间接性、引导性和教育性，因此，辩证唯物主义认识论及自然科学方法论、一般教学理论和学习理论是指导化学教学的基础理论。

一、辩证唯物主义认识论

辩证唯物主义认识论认为，认识是人脑对客观事物的能动反映，这种能动作用表现为认识的两个"飞跃"，即由感性认识到理性认识的"飞跃"，由理性认识到实践的"飞跃"。辩证唯物主义认识论把教学当作有属于自己的客观规律的过程来研究。教学就其本质或主要内容而言，是教师把人类已知的科学真理通过一定的方式转化为学生应该掌握的知识，同时引导学生把知识转化为能力的一种特殊形式的认识过程。教学是由教师领导身心发展尚未成熟的学生，主要通过学习知识去间接地认识世界、发展自身的过程。教学是由教师按照学生不同年龄时期能够接受的形式来教他们知识，先教他们成年人已经认识的内容，包括认识的结果和认识的方法，同时把发展他们的认识能力作为专门的任务和工作。从本质上讲，化学教学过程是一种认识过程。从根本上说，化学教学过程是受认识规律制约的。辩证唯物主义认识论及据此发展形成的教学认识论揭示了认识过程的一般规律，为人们理解化学教学过程提供了理论基础。

二、自然科学方法论

辩证唯物主义认识论是通过自然科学方法论实现它对自然科学的指导作用的。对于自然科学基础知识的教学来说,要做到引导学生实现认识上的两个"飞跃"和学习上的两个"转化",关键因素在于要正确运用自然科学方法论。

自然科学方法论是联结哲学和自然科学的一条纽带。自然科学方法论认为,科学的认识过程和相应的科学方法应该是按照由浅入深、由低级到高级的辩证过程发展和运用的。根据辩证唯物主义认识论,可总结出科学认识过程的一般程序。

现代科学教育改革非常重视学生学习方式的转变,尤其鼓励学生在自然科学的学习过程中,更多地参与科学探究活动,强调在探究学习活动中培养科学探究能力,这就使能力的培养与知识技能的获得、方法策略的掌握、情感态度价值观的形成有机地统一起来。就认识过程来看,科学探究原是指科学家在研究自然界的科学规律时所进行的科学研究活动,在化学教学中是指将科学家的探究方式引入学生的学习活动,让学生以类似的方式学习科学。学生在进行探究性学习时,将运用到观察、实验条件控制、测定、数据处理、分类等具体方法,随后在此基础上进行比较和归纳,从而形成初步的结论。但是结论不一定符合预期,这就会产生新的问题,在无法用已有知识进行确切解释时,学生便会积极地寻找解决新问题的方法。为解决新问题,学生将运用回忆、比较、推理等方法,根据模糊的感性认识甚至是可能错误的认识提出一定的假设,再次从事探究活动,进行相应验证,其结果可能符合假设也可能不符合,若不符合,将重新提出假设、设计实验、进行验证。这样的过程并不是简单的累积或循环,从认识层面上讲,在此过程中学生的认识是在不断发展、进步的。这其中包含着一个由浅入深、由模糊到清晰、由假设到验证、由错误到正确的过程,其实这也是一个从感性到理性、从理性到实践,并且不断螺旋上升的过程。

科学探究活动的基本环节和步骤可概括为发现问题、提出假设、验证假设、形成结论、交流质疑等的循环往复和螺旋上升。不难发现,科学探究活动的认识过程体现了自然科学方法论的观点。

作为一种特殊认识过程的化学教学,必须运用自然科学方法论,遵循认识规律,结合学科特征和教学特征,具体解决化学教学实际中的各种问题。这样既体现了辩证唯物主义认识论对化学教学过程的指导作用,又避免了将教学认识论等同于哲学认识论的简单化倾向。具体地说，化学教学总是从引导学生认识具体的物质和现象开始，从运用已经获得的知识开始，从已知到未知，从感性认识到理性认识，从而在实践（主要是学习实践）活动中运用化学知识、发展认识能力。例如，让学生观察教师做实验，或者自己做实验，并记录和处理实验数据，运用假说等方法探究化学知识。在教学形式上，教师要创造条件让学生动脑、动口和动手，让学生通过感觉器官进行思维加工，以实现教学过程中的两个"飞跃"和两个"转化"。

三、一般教学理论

一般教学理论是依据教育学和心理学等原理探索教学现象较深层次的普遍规律，并为解决具体教学问题提供指导的理论。化学教学理论是建立在一般教学理论之上的。历史上，特别是近现代形成了不少教学理论，它们对化学教学理论有深刻的影响，也是指导化学教学的基础理论。这些理论主要有：

（一）赫尔巴特传统教学论

赫尔巴特，德国哲学家、心理学家、教育家，传统教学论的主要代表人物。赫尔巴特深受瑞士教育学家裴斯泰洛齐的影响，在教育史上第一次建立了以心理学为基础的教学理论。赫尔巴特非常重视"兴趣"在教学过程中的作用，认为教育的目的在于培养具有"完美德性"的人。赫尔巴特创立了"形式阶段说"，把教学过程分为四个阶段：

1. 明了

给学生讲授新知识，使学生在学习过程中集中"注意"。

2. 联想

让学生把新知识和旧知识联系起来，学生"期待"教师给出提示。

3. 系统

要求学生把新旧知识系统化，并在新旧观念联合的基础上进行概括和总结，学生在逐步"探究"中完成任务。

4.方法

要求学生把所学知识应用于实际,学生的心理特征是"行动"。

赫尔巴特的"四阶段论"被后人改变、发展成为由预备、提示、联系、总结和应用组成的"五段教学法"。

(二)约翰·杜威的实用主义教学论

约翰·杜威,美国哲学家、社会学家、教育学家,实用主义芝加哥学派创始人。约翰·杜威批评赫尔巴特"重教轻学"的做法。在教学内容上,约翰·杜威主张以儿童的亲身体验代替书本知识;在教学组织形式上,约翰·杜威反对传统的课堂教学,认为在班级授课制中,教师会消极地对待学生,机械地使学生集中在一起,课程和教法划一;在师生关系中,约翰·杜威反对以教师为中心,主张以学生为中心,提倡"学生中心论"。约翰·杜威重视学生"能动的活动",提出了"教育即生活""学校即社会"的教育主张。他认为教学应按照学生的思维进行,并指出"教学法的要素和思维的要素是相同的"。这些要素就是:

①要有一个真实的情境,要有一系列让学生感兴趣的连续活动。

②在情境内部产生一个真实的问题,作为思维的刺激物。

③学生要占有知识资料,从事必要的观察,解决自己的问题。

④学生必须一步一步地想出解决问题的办法。

⑤学生要有机会通过应用检验自己的想法,使这些想法意义明确,并且自己去发现它们是否有效。

(三)凯洛夫的新传统教学论

凯洛夫,苏联教育家。20世纪20年代,苏联出现了"学校消亡论"。在此历史背景下,凯洛夫开始参加苏联教育的管理和研究,他尽力以唯物论和辩证法研究教育学,逐步形成新的教学理论体系,他认为教学过程是一个特殊的认识过程,包括教师的"教"和学生的"学"两个方面;他提倡并完善了班级授课制度,认为课堂教学是教学工作的基本组织形式;教师在教学过程中要考虑学生的年龄特点,把最基本的知识传授给学生,同时要发展学生的某些能力;教学方法由教学任务和教学内容决定,但教学方法不是唯一的,而是多种多样的。

（四）赞科夫的发展性教学论

赞科夫，苏联心理学家、教育家。他以"教学与发展的关系"为课题进行了长达二十年的研究，提出了学生的"一般发展"的思想。他认为"一般发展"即"心理活动的多方面的发展"，强调个性发展的整体性和动态性。以此为指导思想，赞科夫还提出了"实验教学论体系"的原则：

以高难度进行教学的原则。教材要有一定的难度，以引起学生注意，使学生在克服困难的过程中获得知识。当然，教师要把握难度，要限于"最近发展区"，但不能降低到"现有发展水平"。

以高速度进行教学的原则。教师要对教材进行多方面的分析和理解，提高知识的质量。

理论知识起主导作用的原则。教师要教给学生规律性知识，使其举一反三。

使学生理解学习过程的原则。让学生学会学习，逐步成为学习的主体。

使全班学生都得到一般发展的原则。

（五）布卢姆的掌握学习教学论

布卢姆，美国教育心理学家。他的"为掌握而学，为掌握而教"等观点的影响力较大。布卢姆的"掌握学习"是基于这样的一种设想：如果教学是系统而切合实际的，如果学生面临学习困难的时候能得到他人的帮助，如果学生的学习配有足够的实践而达到掌握，如果能明确地规定掌握的标准，那么绝大多数学生的学习能力可以达到很高的水平。布卢姆的掌握学习在实施上分为两个阶段：准备阶段和操作阶段。

布卢姆还认为，在学校教育中，评价占有十分重要的地位。但是传统评价的目的实际上是给学生分等分类，对改进教学工作和实现教育目标所起的作用很小，对学生的人格和性格发展有不利的影响，因此应该使用能够适应并发展每个学生的能力，以改进教学工作为中心的教育评价方式。根据"掌握学习"的教学模式和步骤，布卢姆把教育评价分为诊断性评价、形成性评价和总结性评价三类。

（六）苏霍姆林斯基"活的教育学"思想

苏霍姆林斯基，苏联教育家，他特别重视培养学生的个性，要求把每个学生培养成"个性全面和谐发展"的人，认为教育最重要的任务之一就是"不要让任何一颗心灵里的火药被点燃，而要使一切天赋和才能都能被充分地发挥出来"；他提倡对学生进行道德教育，让学生有"同情心""责任心"，他认为一个人从社会得到了什么，以及给予了社会什么，这两者之间保持一种严格的和谐。苏霍姆林斯基也很重视智育，认为智育具有双重任务，即掌握知识和发展智力，通过智育，学生可以形成科学的世界观；他把劳动教育看成是学校教育的一个重要组成部分，认为劳动是"一般发展"和"个性全面发展"不可缺少的途径。

（七）瓦根舍因、克拉夫基的范例教学法

范例教学法是指通过范例组织教学重点，使学生在掌握范例后，有可能独立学习相关、相似的教学内容的教学方法。其主要内容包括：

1.三个原则

基本性原则、基础性原则和范例性原则。

2.三个统一

"解决问题与系统学习的统一""掌握知识与发展能力的统一"和"主体与客体的统一"。

3.五个分析

"分析此内容阐明了什么""分析学生应掌握的知识和形成的能力在其智力活动方面的作用""分析该课题对学生未来发展具有的意义""分析内容的结构"和"分析哪些因素能使学生掌握教学内容"。

4.四个阶段

第一个阶段，用典型的事例阐明事物的本质特征；第二个阶段，通过归纳分析掌握事物的普遍特征；第三个阶段，掌握"规律"；第四个阶段，获得有关世界和生活的"经验"。

教学论是研究教学一般规律的科学。以上这些经典的教学理论，虽然学术主张不同，关注重点各异，但其研究对象都是教学。这些理论探讨了教学的过程与本质、教学目的与任务、教学原则与方法、教学管理与评价、教师与学生的关系等一系列问题，提出了各自的学说与主张，为化学教学理论的研究与构建奠定了基础。

四、学习理论

化学教学过程是特殊的认识过程。对于学习，古今中外不少的教育家、心理学家进行了深入的研究，提出了许多颇有价值的思想和理论。

（一）中国传统的学习理论

早在春秋战国时期，孔子就提出了"博学"（广泛地获取感性知识和书本知识），"慎思"（要多认真地思考），"时习"（及时温习已学过的知识），"笃行"（把所学到的知识用于实际生活中）的学习思想；孟子认为学习个体之间存在差异，教师应该因材施教。朱熹把《中庸》的"五段论"与孔子的"学而时习之""温故而知新"的观点相结合，提出了"六段式"学习过程，这种学习过程模式基本上成为中国传统学习的经典模式。传统教育家还强调非智力因素在学习过程中的作用，并把"志"作为学习的前提条件。如此可以得出，学习过程实际上是由志、学、问、思、辨、习、行七个环节构成的。其中，"志"是动力系统，具有发动和维持的功能；"学、习、行"代表着行为操作系统，具有联系主客体的功能，"习"主要具有强化和反馈的功能，"行"具有评价、检测和反馈的功能；"问、思、辨"代表思维加工系统，具有存储提炼的功能。

当然，我国传统的学习理论也有不足之处，如以伦理为中心的人文知识遏制了人们对自然科学的学习，继承观念限制了人们的创造性，理论的抽象思辨不够而影响了理论发展，等等。

（二）联结学习理论

桑戴克，美国心理学家，是联结主义理论的创始人，他的学习理论是第一个系统的教育心理学理论，曾产生了很大的影响。桑戴克曾做过动物心理实验，最著名的就是让饿猫逃出特制笼子的实验：笼子里面有一个能打开门的脚踏板，笼子外面有鱼或肉。将饿猫放入笼内，开始时，饿猫只是无目的地乱咬、乱撞，后来偶然碰上了脚踏板，笼子门被打开，它逃出了笼子，得到了食物。如此重复多次，最后一次，猫一进入笼子就能打开笼子门。桑戴克据此认为，学习的实质是刺激（S）与反应（R）之间的联结。他明确指出，学习即联结，心即是一个人的联结系统；学习是结合，人之所以长于学习，即因他可以进行这些结合。桑戴克把动物这种尝试错误偶然成功的行为叫作学习，他认为学习的过程是经过多次尝试不断减少错误的过程，后人称这种理论为"尝试错误论"，简称"试误论"。

联结学习理论的主要错误在于摒弃了学习的认知过程和学生的主观能动作用，简单地用操作性的条件反射来解释人类的学习，具有较强的片面性。

第二节 化学教学特征与教学原则

一、化学教学特征

以实验为基础是化学教学的基本特征。我们可以从化学学科的根本属性和化学教学的实践经验两个角度来论证这一基本特征。

化学学科是以实验为基础的一门自然科学。化学以客观事物为研究对象，以发现客观规律为目标，具有客观性、验证性、系统性三大特征。大量实验事实为化学理论的形成提供了依据，化学理论的形成与发展也需实验事实的检验。综观化学科学的发展历史，其前进的每一步都离不开化学实验。化学学科是在实验的基础上产生并发展起来的，实验是化学理论产生的直接源泉，是检验化学理论是否正确的标准，也是提高化学科学认识能力、促进化学科学持续发展的重要动力。

化学教学的特征是化学学科特征在教学中的反映，是辩证唯物主义认识论在化学教学中的体现，也是化学教学区别于其他学科教学的标志之一。化学学科以实验为基础，辩证唯物主义认识论强调感性认识的基础性，因此，以实验为基础也是化学教学的基本特征。

化学实验在化学教学中具有不可替代的重要作用。广大化学教师的教学实践说明，化学实验可以为学生提供丰富的感性认识，有助于激发学生的学习兴趣，有助于创设认知冲突，从而帮助学生正确地形成化学概念，牢固地掌握化学知识，提高观察问题、分析问题、解决问题的能力。化学实验还是培养学生实验技能和实践意识的主要途径，让学生动手实践，一方面可以帮助学生学习和掌握各种实验操作技能，另一方面能帮助学生形成通过实践探索认识客观事物的意识。化学实验还有助于培养学生实事求是、严肃认真的科学精神和态度。离开了化学实验的化学教学将会是无源之水、无本之木，无法达成提高学生科学素养的教学目标。

可以通过以下几方面在教学中体现"以实验为基础"这一化学教学的特征：

①学生做实验并观察现象，体验通过实验探究规律的过程。

②结合实验事实和实验过程，让学生认识化学概念和理论的形成过程。

③结合典型化学史实，让学生了解化学科学的发展历程。

④让学生通过实验，以及运用已学的知识解决问题，从而巩固知识，提高发展能力，培养科学态度、科学方法和正确的价值观念。

二、化学教学原则

（一）突出学生的主体性和主动性原则

依据国际科学教育和化学课程改革的趋势，以及国内化学课程的现状和基础教育课程改革的指导思想，《普通高中化学课程标准（2017年版2020年修订）》（下文简称"《化学课程标准》"）确立了化学课程改革的重点：以提高学生的科学素养为主旨；重视科学、技术与社会的相互联系；倡导以科学探究为主的多样化的学习方式；强化评价的诊断激励与发展功能。

《化学课程标准》要求让学生有更多的机会主动地体验探究过程，在知识的形成、联系、应用过程中养成科学的态度，获得科学的方法，在"做科学"的探究实践中逐步形成终身学习的意识和能力。根据以上要求，化学教学中要突出学生的主体性和主动性。

教育的根本目的是育人，教育对象是学生，因此要以学生为本，一切为了学生，为了学生的一切，创造适合学生的教育，而不是选拔适合教育的学生，在整个教育教学中要贯彻以教师为主导，以学生为主体，以培养学生的创新精神和全面发展为主线的思想。

素质教育的内容之一，就是促使学生主动、活泼地发展，让学生主动学习，只有学生积极主动地参与教学过程，教学才能更好地促进学生的智力发展。学生是学习活动的主人，学生学习的积极性是学习的基础，学生只有主动学习，主动认知，主动获取教学内容，主动吸收人类积累的精神财富，才能认识世界，从而促进自身的发展。教学是由教和学相互联动，有机结合而组成的，学生是参与者，教师应设计教学的环境，选择能吸引学生积极主动参与教学过程的教学内容，而不是"我讲你听，我问你答"。从目前来看，学生讲五分钟，可能不如教师讲五分钟的效果好，但要看得长远一些，要考虑若干年后的效果。因此，课堂教学改革的根本任务是"转弊为利"，按照现代教学运行机制，变换传统的班级授课制组织形式，减少教师在课堂上的讲授时间，调动学生参与教学的积极性，发挥学生自主探究的能动性，使课堂教学焕发生机。实现教学形式的转变，要最大限度地减少教师的讲授，最大限度地满足学生自主发展的需要，尽可能地做到学生在"活动"中学习，在"主动"中发展，在"合作"中提高，在"探究"中创新。要充分体现学生的自主性：让学生自主发现规律，让学生自主寻找方法，让学生自主探究思路，让学生自主解决问题。

（二）激发学生的兴趣和培养学生的自信原则

爱因斯坦认为，兴趣是最好的老师，它往往胜过责任感。从心理学角度来看，学生对某种事物的认识与实践的倾向性心理特征就表现为兴趣。兴趣的产生和学生的认知活动密切相关，同时也伴随愉悦的情感体验，这种倾向性心理特征一旦长期稳定存在，就会成为原动力。

教育心理学认为，决定学生学习兴趣的内在机制有两方面：其一，学生所从事的学习价值有多大；其二，学生在学习活动中成功的把握有多大。如果某学生认为自己在这项学习中没有成功的希望，那么这项学习再有价值也不会让他产生兴趣，因为在学生眼中这是没有结果的事情。反之，如果这项学习没有价值，即使确定能成功，学生也不会积极投身于学习之中。

同时，还要培养学生的自信心，自信心是学生对自身主体性认识的重要表现。在学习实践活动中，让学生不断接受肯定性的反馈与激励，学生就会表现出较强的自我意识，对自身做出积极的认识和评价，在学习中采取积极主动的态度，发挥主体的能动作用。教师在教学中对学生学习中的言与行要多给予肯定，积极引导，要坚持以赞扬为主，及时肯定微小的进步，让学生感受成功的喜悦。一次次小的成功是培养学生自信心的基础，能够让学生对自己、对明天充满信心。

（三）注重探究式教学原则

科学探究是一种重要而有效的学习方式，《化学课程标准》针对各主题的学习提出了探究活动的具体建议，旨在转变学生的学习方式，使学生积极主动地获取化学知识，激发学生的学习兴趣，培养学生的创新精神和实践能力；同时将科学探究作为化学课程的重要内容，单独设立主题，明确地提出发展学生的科学探究能力的目标。因此，要在教学中把培养学生的科学探究能力作为重中之重。

所谓探究，就其本意来说，是探讨和研究。探讨就是探求学问、探求真理和探本求源；研究就是研讨问题、追根求源和多方寻求答案，从而解决疑问。现在常说教学要创新，那怎么创新？许多人对此感到迷惑。其实，创新就在我们身边，创新就在一个个探究实践活动中，用理论去指导实践，在实践的基础上再总结出新的理论，推动事业不断向前发展，这就是我们所讲的创新活动，这就是我们所提倡的探究式教学。教师要注重引导学生主动发现和提出问题，并通过积极探究解决问题。比如，当看见"将分别蘸有浓氨水和浓盐酸的玻璃棒互相靠近，出现'空中生烟'的奇景"时，教师可引导学生在惊叹这一实验现象的同时，思考"为什么出现这样的景象？"等问题，引起学生进一步探究的兴趣。

在探究式教学中，教师要把握三点：其一，真正知道学生需要什么；其二，知道怎么做能使学生探究的问题达到"最近发展区"；其三，知道教学的根本目的是使学生愿学、乐学、会学、善学。教师要深入研究教材，提炼教学内容中的某些方法要素，并在教学设计中予以渗透，让学生在探究活动中体验科学方法的运用，如对化学现象进行分类或提出有关的假设，设计实验和控制实验条件等。

学生的知识背景不同，思考问题的方式也可能不同，对同一个问题的认识角度和认识水平也存在差异。学生可对知识产生和发展的过程进行探究，可在新旧知识的联结点上探究，可在解决实践问题上探究，还可以在事物的求新、求异、求变上探究。值得注意的是，学生对知识的探究，并不像科学家探究那样要发明创造些什么，学生的探究是在教师的激励、启发和诱导之下，运用科学的方法去探究他们暂时还未理解和掌握的知识。学生的探究规律是从不知到知，从知之不多到知之甚多，从学会知识到会学知识和会用知识，再把知识转化为能力。学生探究知识的过程，就是学生利用原有知识经验去解决之前没有遇到过的问题，通过"学、思、疑、问、探"等多种方式，挖掘自己的内在潜力，既获得新知，又增长能力。在探究式教学中，教师要有目的地组织学生相互交流和讨论，这样既有利于提高学生交流与合作的能力，也有利于提高学生的评价能力。教师要提倡以小组为单位的探究活动，如分组完成"调查家庭金属废弃物的种类，讨论回收的价值和可能性"等课题。在探究实践中，教师应高度关注学生的情感态度与价值观方面的课程目标的实现。

（四）培养学生的问题意识原则

化学课程中的科学探究，是学生积极主动地获取化学知识、认识和解决化学问题的重要实践活动，涉及提出问题、提出猜想与假设、制订计划、进行实验、收集证据、解释与结论、反思与评价、表达与交流等要素。学生通过亲身经历和体验科学探究活动，激发学习化学的兴趣，理解科学的本质，学习科学探究的方法，初步形成科学探究能力。

科学探究是一种重要的学习方式，也是化学课程的重要内容，对发展学生的科学素养具有不可替代的作用，而提出问题是科学探究的基础。因此，要大力培养学生的问题意识。学起于思，思源于疑，认知心理学研究表明，怀疑是探求真理的前提和基础。在备课和教学时，教师要站在学生的角度，进行心理换位，模拟学生的提问，从而更好地启发学生。

（五）理论联系实际原则

化学课程内容的选择要依据学生已有的经验和心理发展水平，反映化学学科内容特点，重视科学、技术与社会的联系，教学中要突出理论联系实际原则，培养学生学以致用的能力。

化学与日常生活、生产、环境、卫生、健康等联系密切，学生学习化学，就是要综合运用化学知识，解决实际问题，这就要求化学教师不仅要系统地传授化学知识，而且还要适时地引导学生关心社会、了解社会，让学生学会根据自己所掌握的化学知识解决现实中有关的化学问题，使学生在科学的探究过程中培养兴趣、发展智力，提高观察能力、分析能力、独立思考及解决问题的能力，同时学会科学的学习方法和科学的思维方法。

教师要从学生熟悉的事情入手，引导他们发现问题、展开探究，以获得有关的知识和经验。化学教师要紧密结合学生的生活实际，使他们感受身边的化学物质和化学变化，增强学习的兴趣，加深他们对化学知识在生活实际中应用的认识。对于与学生生活实际紧密联系的物质及其变化现象，要注意在教学中寻找新的视角和切入点，使学生形成新的认识。例如，水是生活中最常见的物质，在有关"水"的教学中，教师可以引导学生从化学的视角出发认识生活中的"水"，探究水的组成和性质，了解水的污染和污染源、水的净化和纯化等。

在衣、食、住、行等方面都存在着大量与化学有关的素材，如燃料和燃烧、溶液、酸、碱、盐、有机物等。教师可以根据学生的具体情况及教学需要去收集和筛选素材，不断充实教学内容。

（六）重视化学实验原则

化学实验是进行科学探究的重要方式，学生具备基本的化学实验能力是学习化学和进行化学探究活动的基础和保证。

化学是一门以实验为基础的自然科学，实验是化学赖以生存和发展的基础，是化学的灵魂。要改变重理论轻实验、重结论轻过程的现象，就要着重培养学生的化学科学素质及各种能力，把重点放在实验功能的开发上。有的学者把实验的功能精辟地概括为10个字：获知（获取化学知识和技能），激趣（激发学生学习化学的兴趣和科学探索精神），求真（培养学生勇于探索、实事求是的科学品质，以及实践出真知、实践是检验真理的唯一标准的科学精神和科学态度），循理（训练学生研究应用化学知识与化学技能的方法、规律和思维），育德（使学生养成诚实、严谨、合作、谦逊、刻苦等科学品质和科学态度）。

在教学中，演示实验要鲜明、生动，具有真实性，要能激发学生的学习兴趣，培养学生的观察能力，教师要通过实验巧妙地创设问题情境，有的放矢地设置疑问，让学生带着问题去观察、思考。要尽可能地把演示实验改为在教师指导下的探索性实验，以培养学生认识事物、掌握知识的方法。

（七）创设问题情景原则

"可供选择的学习情景素材"包括与学习内容相关的各种背景资料，如化学史料、日常生活中生动的自然现象等。这些素材旨在帮助教师理解课程目标，教师可在相关主题的教学中利用这些素材来创设学习情景，充分调动学生学习的主动性和积极性，帮助学生理解学习内容，体验化学与技术、社会的紧密联系，引导学生认识化学在促进社会可持续发展中的作用。创设学习情境可以增强学习的针对性，有利于发挥情感在教学中的作用，激发学生的学习兴趣，使学习更为有效。教师在创设学习情境时，应力求真实、生动、直观而又富于启迪性。演示实验、化学问题、小故事、科学史实、新闻报道、实物、图片、模型和影像资料等，都可以用于创设学习情境。例如，在有关"元素"的教学中，展示地壳、海水和人体的元素含量表；在有关"化学材料"的教学中，展示古代石器、瓷器、青铜器、铁器及各种现代新材料的图片或实物；在有关"环境保护"的教学中，组织学生观看有关环境污染造成的危害的影片和图片资料。教师也可以通过精心设计的富有思考性和启发性的问题，如"为什么在新制的氧化钙中加入水能煮熟鸡蛋"等设置学习情境。

在教学中，教师要善于引导学生从真实的情境中发现问题，有针对性地展开讨论，提出解决问题的思路，使学生的认识逐步提高。如组织小组辩论"常用的几种燃料中，哪一种最理想？"做有关"活性炭和明矾的净水作用"的实验；观看"硬水对人们生活的影响"的录像等，都可以为学生学习有关的知识提供良好的基础。

第三节 化学教学过程与教学方法

一、化学教学过程

化学教学过程是化学教师的"教"和学生的"学"统一的活动过程，是化学教师引导学生掌握化学基础知识和基本技能，发展能力，形成正确情感态度和价值观的特殊的认识过程。

（一）化学教学过程是教和学的双向活动过程

教学不是教师一个人的活动，学生是教师教学的对象，更是学习的主体，同时也是课堂教学活动的主体之一。成功的教学活动是符合学生的认知特点，能够调动学生的积极性，让学生主动参与的活动，是有利于学生自主建构正确的认知结构的活动，是有利于学生发展的活动。相反，脱离学生、忽视学生的感受与理解的教学活动往往事倍功半，甚至一无所获。在教学过程中，学生倾听化学教师的讲解，遵循化学教师的引导，完成化学教师布置的任务；化学教师倾听学生的言语，观察学生的反应，根据学生的情况调整自己的教学，或加快或放慢，或详细或简练。学生的思想是不可预测的，是变化多端和充满灵气的，学生的提问或回答，对教师来说可能是启发，也可能是新生成的教学资源。教学的过程也是教师学习、进步的过程。同时，师生之间的感情、情绪也有互动：

教师的激情将振奋学生的斗志，教师的投入将换来学生的配合；学生的活跃将刺激教师的热情，学生的痛苦将带来教师的苦恼。总之，在教学活动中，师生之间是相互作用、相互影响、相互制约的。

（二）化学教学过程是特殊的认识过程

1. 认识对象的特殊性

化学教学中学生的认识对象是化学的基础知识和基本技能，这些基础知识和基本技能是人类经过漫长岁月获得的，对学生而言是间接经验。

2. 认识方式的特殊性

化学教学中，学生学习化学知识是在教师指导下进行的。教师综合考虑教学内容、教学条件、学生已有认知水平等因素，设计出合适的教学方案，从而带领学生完成学习任务。这样的认识过程不同于科学家、艺术家等的个体认识过程，是由教师引导学生通过学习知识、初步探究去认识世界，把大量间接经验和少量直接经验变为学生的精神财富，发展学生自身的特殊认识过程。

3. 认识目标的特殊性

化学教学中学生的认识目标不仅是化学基础知识和基本技能，还包括过程方法和情感态度价值观。在化学教学中，学生不仅要学习人类已知的知识，还要得到探究未知的体验，初步得到社会交往的锻炼，对科学形成积极的情感和态度。

构成化学教学过程的基本因素有四个：教师、学生、教学内容和教学条件。前两个属于人的因素，后两个属于物的因素，人的因素是决定因素，物的因素可以通过人的因素的作用发生变化。在四个因素中，教师是起决定性作用的主要因素。有效的教学过程是教师精心安排教学内容、充分利用教学条件和着力发挥学生主观能动性的过程。

二、化学教学方法

化学教学方法是化学教师在教学过程中为了完成教学任务所采用的工作方式。

化学教学活动由教师、学生、教学内容和教学手段四个因素组成，教学手段又包括教学方法和教学物质条件。这四个因素各有各的作用，它们作为一个有机的整体决定着教学活动的发展。但是在一个具体的班级中，教师和学生是固定的，教学内容（主要由教学大纲和教材决定）和教学物质条件（主要由学校经济条件决定）大体上也可以看作固定的，只有教学方法是灵活易变的因素。化学教师可以根据教学内容，学生的认知水平、兴趣、爱好和学校的物质条件，选择或创造合适的教学方法，以保证取得好的教学效果。当然，如果教学方法不合适，就会事倍功半，影响教学效果。因此，化学教学方法是需要化学教师发挥聪明才智、进行创造性劳动来确定的，是化学教学改革的活跃因素。

目前，化学教学方法种类繁多，但由于分类的根据不同，不同类型、不同层次的教学方法常常被混在一起，不便于对比研究它们的特点和使用条件。因此，有必要追溯这些教学方法的渊源，做出便于研究的分类。

我国的教学论，常用分析法研究教学，把教学体系分解成课程教材、教学原则、教学组织形式和教学方法几个因素，分别加以研究，然后在教学实际中综合应用。按照这种方法划分出来的化学教学方法有讲授法、谈话法、讨论法、演示法、实验法、练习法、阅读指导法等。

西方国家的教学论，常用综合法研究教学。相关学者提出的许多教学方法，如发现法、程序教学法、范例教学法、设计教学法等，不仅仅是教学方法，而且常常涉及教学原则、教学组织形式，甚至课程教材。实际上，这里提到的发现法、程序教学法等，各是一种教学体系。用分析法或综合法研究教学各有优点，后者比较合乎教学实际。因为教学本身就是一个综合体，难以把课程教材、教学原则、教学组织形式、教学方法几个因素分清，而且综合研究又有利于处理好教学体系中各种因素的关系，所以目前我国化学教学方法改革中新创造的教学方法多属综合法，例如，"读读、议议、讲讲、练练"教学法、单元结构教学法等。分析法的优点是化繁为简，化多因素为单因素，利于深入研究化学教学方法的特点和规律，也便于初学者掌握。

为了方便讨论，我们把用分析法研究教学得出的化学教学方法叫作第一类化学教学方法，把用综合法研究教学得出的化学教学方法叫作第二类化学教学方法。

（一）第一类化学教学方法

1.讲授法

讲授法是教师通过口头语言为学生传授知识的一种方法。运用这种方法，教师可以将化学知识系统地传授给学生，使学生能在较短的时间内获得较多的知识。它能运用启发的方式对学生提出问题，引起学生的积极思考，并指出解决问题的途径，发展学生的抽象思维。讲授法是历史上流传下来的一种最主要的教学方法，也是当前化学教学中最基本的教学方法，其他教学方法都要与它结合着使用。

讲授法的缺点是教师占用的教学时间较长，不利于发挥学生的主体作用，也不利于发展学生的技能。如果教师不善于运用启发式教学，未能让所教知识与学生的认识能力和认知结构同步，学生就会陷入被动状态，成为接纳知识的"容器"，导致机械地学习，死记硬背。这就是讲授法常被称为"满堂灌"而经常受到批评的原因。

讲授法是教师通过口头语言向学生传授知识的方法，所以教师的语言水平对教学效果的影响很大。在现实中经常出现这样的情况：一些化学教师专业知识水平不低，备课也努力，但由于语言表达能力差，学生不爱听其讲课，从而影响了教学效果。

教学语言首先应该做到清晰、准确、简练。也就是说，教学语言既要有严密的科学性和逻辑性，又要符合语法规范，不做无谓的重复。其次应该生动，即教师讲课要讲求艺术性，善于运用形象比喻，语调抑扬顿挫，适当运用体态语言，使教学语言富有感染力，从而激发学生学习的兴趣。这里应该注意，教学是严肃的、艰苦的脑力劳动，不是娱乐，教学语言的生动应以不影响教学的科学性和正常的教学秩序为限，教师不能为了追求"生动"而插科打诨，卖弄噱头，让教学活动庸俗化。因为那样既不利于学生学习知识，也不利于培养学生的思想品德。

2.谈话法和讨论法

谈话法是教师通过和学生交谈进行教学的方法，讨论法是在教师的指导下，由全班或小组成员围绕某一中心问题发表意见而进行学习的一种方法。这两种方法不是使学生从不知到知，而是引导学生根据已有的知识和经验，通过独立思考获得新的知识。因此，从学习的心理机制看，谈话法和讨论法都是属于探究性的。它们的优点是能充分发挥学生的主体作用，调动学生的积极思维，并有利于培养学生的口头语言表达能力。

谈话法适用于所有年级，低年级用得比较多。它一般用于检查学生的知识掌握水平，复习和巩固旧知识，也用于讲授新课。教师做演示实验时，为了引导学生观察和思考，常穿插使用谈话法。

运用谈话法，首先要求教师做好充足准备，拟好谈话提纲，所提问题要有启发性。如果是通过一组问题引导学生概括出某个科学结论，则各问题之间应有严密的逻辑关系。其次，要面向全体学生发问，给学生思考的时间。提问对象要普遍，并贯彻因材施教的原则，即所提问题的难度应与学生的水平相当。

讨论法常用于高年级，运用这种方法的前提是学生应具备一定的知识基础和独立思考能力。运用讨论法，首先要求教师提前布置讨论题目，明确讨论的要求，指导学生复习有关知识，搜集资料，写好发言提纲。其次，要求教师组织好讨论，鼓励学生勇于发表意见，相互切磋，并注意使讨论能围绕中心，紧扣主题。讨论结束后，教师要做好总结，提出需要进一步思考的问题，供学生学习和研究。

3.演示法

为了使学生获得感性知识，把理论知识与实际知识联系起来，加深对学习对象的印象，同时也为了激发学生的学习兴趣，化学课上要常做演示实验，展示实物标本、模型、挂图，放映幻灯片、电影、录像等。教师做演示时必须与讲授相结合，这样才能引导学生观察，使学生获得全面而清晰的表象，并在此基础上引导学生思考，帮助他们正确地理解化学概念，加深对化学现象本质的理解。

4.实验法

化学是一门以实验为基础的科学，学生要想学习化学，就必须做实验。因此，实验法是化学教学的基本方法。学生的课内实验主要分随堂实验和整堂实验课两种形式。

5.练习法

练习法是在教师指导下，学生巩固知识和培养技能的基本方法，也是学生学习过程中一种重要的实践活动。在化学教学中，一些重要的化学用语、化学基本概念、化学基础理论、化学计算、化学实验操作等，均需要有计划地加强练习，以达到巩固知识、训练技能、发展智力和培养能力的目的。

练习分口头（口答）练习、书面（笔答、板演）练习和操作练习三种形式。

在口头练习中，教师所提问题应具有启发性，不要提那些与定义有关或简单回答"是"与"不是"的问题。教师还应选择一些能提高学生口头表达能力的训练，要求学生清晰、准确地回答问题。

为了提高课堂书面练习（包括板演）的效率，教师最好采用选择题、填空题、计算题等书写量小的练习。为了训练学生组织思想、论述问题和文字表达的能力，可以适当安排学生在课后写小论文。

操作练习主要包括让学生动手做实验和组装模型，目的是训练学生做化学实验和组装模型的操作技能。操作练习是培养学生动手、动脑解决实际问题能力的重要方法。比如，估液、取液等基本操作学生容易出错，化学教师可以结合学生所学的化学知识，出题加以练习，以巩固所学内容。学生学习有机化学时往往缺乏空间立体观念，对于分子的立体异构常常想象不出来，让学生亲自组装分子模型，会加深他们对分子结构的理解，也有利于他们发展对微观粒子结构的想象力。

6.阅读指导法

阅读指导法是教师指导学生通过阅读化学教材和参考书获取知识、发展智力的一种教学方法，是培养学生自学能力的一种好方法。教师应要求学生做课前预习和课后复习，而预习和复习都必须阅读教材。如有余力，也应阅读相关的参考书。

（二）第二类化学教学方法

1.发现法

发现法是在教师指导下，学生通过自己探索、尝试发现知识，提高自己提出问题和探索发现能力的方法。运用这种方法的关键在于编制适合学生再发现活动的教材，编制教材时要注意以下三点：

（1）缩短过程

"剪辑"科学家原发现的曲折的认识过程，使之变成捷径。

（2）降低难度

原发现过程对于学生来说往往难度过大，必须将难度降低到与学生认知结构相匹配的程度。

（3）精简歧途

原发现可能走过许多不同的道路，包括不少歧途，但教材应精简歧途，这样不仅可以降低学习的难度，而且可以训练学生的分辨能力。

2.局部探求法和引导发现法

这两种教学方法本质上都属于发现法，但它们是对发现法进行改进的结果。

局部探求法是将一个待发现的较复杂的问题划分成几个较简单的小问题，让学生分步去探索，或者让学生探索其中一两个小问题，其余由教师通过启发式谈话解决。这样就降低了探索发现的难度，扩大了发现法的适用面。

引导发现法强调在发现活动中要加强教师的引导，减少发现活动的自发性，使学生尽可能少受挫折，从而降低发现的难度。引导发现法的发现过程大体可分准备、初探、交流、总结、运用五个阶段。

3."读读、议议、讲讲、练练"教学法

"读读、议议、讲讲、练练"教学法的主旨是改变学生在学习中的被动状况，发挥学生的主体作用。"读"是指学生在教师指导下在课堂上阅读教材。"议"是指在阅读后让学生议论在阅读中发现的问题。"讲"是指教师必要的讲授，它贯串课堂的始终。如教师在布置阅读时提启发性问题，给学生的议论做总结，对于难度大、学生难以读、议的教材直接进行讲授等。"练"是指教师在课堂上组织练习，组织学生做实验，借以巩固知识、形成技能。

显然，这种教学方法是根据"教为主导、学为主体"的教学原则，将阅读指导法、讨论法、讲授法、练习法、实验法综合在一起形成的，体现了启发式教学的精神，如果运用得好，会取得很好的教学效果。

4.单元结构教学法

单元结构教学法是重新组织化学教材，同时汲取发现法、程序教学法和传统的讲授法的优点而形成的一种新的教学方法。采用单元结构教学法时，教师备课时要做好两项工作：第一，要以理论为主线，实验为基础，将知识按内在逻辑联系组成不同的"结构单元"；第二，按"结构单元"编写指导学生自学的"学习程序"。

教学开始时，教师要对本单元的内容和重要性等做简单的介绍，以引起学生的学习兴趣，明确学习目的、学习方法和学习思路。

课堂上，让学生按"学习程序"自学，包括阅读教材、参考书，做实验，做预习题，钻研"学习程序"上的思考题。

接着，教师检查学生的自学情况，组织讨论，进行重点讲授。为了检查学生的自学情况，应让学生报告自学的成果，回答教师的问题，并组织学生对有不同意见或自学时理解不深刻的问题进行课堂讨论。然后教师进行讲评、订正、示范、总结。同时教师根据需要，对重点、难点知识进行讲授，讲完后再让学生做作业、做实验，以巩固所学知识。

最后，在一个单元学习结束时，教师要布置一些具有综合性的作业或让学生写小论文，促使学生将已学到的知识分类对比、概括、总结，使知识系统化，从而形成较完善的认知结构。

教学实践证明，单元结构教学法有利于"教为主导"与"学为主体"的统一，可以培养学生的思维能力与自学能力。但是在如何划分结构单元，如何做到单元知识结构与

学生认知结构最佳配合等方面，单元结构教学法尚不够成熟，有待继续探索。

三、选择和运用化学教学方法的注意事项

前面介绍了两大类化学教学方法，这些方法都有自己的适用条件。第一类化学教学方法是单纯的方法，在运用这些方法时，只有遵循正确的教学原则，坚持实行启发式教学，适应课程教材的要求，协调与教学组织形式的关系，才能取得好的教学效果。第二类化学教学方法，存在指导思想是否符合教学规律，教学措施是否符合实际情况的问题。加之不同课程的教学目的、内容、学生的情况及不同学校的环境设备均有差异，因此，教师如何根据实际情况正确选择和运用教学方法，对于提高教学质量具有重要意义。

教师选择和运用教学方法，应该注意以下几点：

（一）要适合课题教学目的

教学方法是为教学目的服务的，因此，必须符合课题教学目的的要求。如课题的教学目的是传授新知识，一般就要运用演示法给学生提供感性知识，然后用讲授法、谈话法等方法使感性知识上升为理性知识。如果教学目的是培养学生的化学计算技能，则应采用练习法进行教学。由于在实际教学中一堂课的教学目的往往不是单一的，因此使用的教学方法也不应是单一的，而应是几种方法最优的结合。

（二）要与教学内容相匹配

教学目的由教学内容来体现，教学方法要符合教学目的的要求，就必须与教学内容相匹配。如讲授"元素化合物"相关内容时，一般应选用演示法、实验法、讲述法或讲解法；讲授理论教材的内容时，应选用讲解法、谈话法或讨论法；对于化学用语，一般采用讲解法和练习法等。

（三）要与学生实际情况相适应

不同年级的学生，其知识储备不同，认知水平不同，对于不同的教学方法的适应能力也不同。如讲解法、讲述法、谈话法、演示法等，初中化学教学都可以使用，而讲演法、讨论法就适合在高中化学教学中使用。教师选择教学方法时还应考虑班集体的学风。

例如，有的班特别活跃，学生爱提问，爱发表自己的意见，就利于采用谈话法和讨论法；有的班表现"沉闷"，学生不爱提问题，讨论不爱发言，讨论法应暂时少用，而宜选用其他教学方法。当然，教师也应采取措施，打破这种沉闷局面，使班集体逐步活跃起来。

（四）要考虑学校的设备条件

某些教学方法的使用，与学校设备条件有关。例如，学校化学实验室设备完善，化学仪器、药品供应充分，就可以多用实验法，也可以适当采用发现法。如果不具备这些条件，就只能采用演示法或其他教学方法。

（五）要适合教师自身的业务水平和教学风格

不同的教学方法对教师的业务能力的要求也不同。教师应该了解自己的长处和短处，扬长避短，形成自己的教学风格。例如，擅长口头表达的教师，可以多用讲授法、谈话法；精通化学实验的教师，可以多用演示法、实验法；教学组织能力强的教师，可以多用讨论法。当然，擅长口头表达的教师，在发挥讲授特长的同时，应该保证学生有足够的机会动手做实验；精通实验的教师，在组织学生做实验的同时，也应对学生进行必要的讲授。因此，一个好的化学教师，在发挥特长、形成风格的同时，必须具备运用各种普通教学方法的基本能力。

（六）要按规定的教学时间完成教学任务

不同的教学方法传授同样数量的知识所耗费的时间是不同的。一般来说，讲授法、演示法耗用时间短，发现法、谈话法、讨论法、实验法耗用时间长。对于一个具体课题应采用什么教学方法，要根据课题的教学目的和可以使用的时间综合考虑，不能片面地做决定。

在教学过程中，为了取得好的教学效果，往往不能一种教学方法用到底，而是需要几种教学方法一起使用。例如，在一堂课上教师不能总是讲授，常要配合演示、实验、谈话或讨论等方法。化学教学的教学质量在很大程度上取决于这些教学方法的选择和组合是否得当。因此，高中化学教学有一条很重要的经验："教学有法，但无定法，贵在优选"。也就是说，一堂化学课的教学质量的高低，相当大程度上取决于教师是否能根据实际情况对教学方法实行优选组合、灵活运用。所以，教师优选组合、灵活运用教学方法的能力，可以看作衡量教师教学业务水平的一个重要标志。

第三章 高中化学生活化教学模式探究

面对时代的挑战和多样化的需求，我国进行了新一轮的高中课程改革。在此次改革中，特别强调化学学科要注重理论知识与现实生活的联系。化学作为一门基础自然学科，与自然、社会、人类的联系较为密切。要让学生从已有的经验和将要经历的社会生活实际出发，让他们在熟悉的生活情景中感受化学的重要性，帮助学生认识化学与人类生活的密切关系，关注与化学相关的社会问题，逐步学会分析和解决与化学有关的一些简单的实际问题，培养学生的社会责任感、参与意识与决策能力。可见，回归生活是当今教学改革的必然趋势，这对教育工作者提出了新的标准和更高的要求：在教学活动中教师不仅要将基础知识有效地传授给学生，同时要引导学生从日常生活经验和工业生产实际入手，对所学理论进行理解与掌握，在学习中强化已有知识和社会生活、科技发展之间的联系。在教学内容上，教师要充分利用教材所提供的和生活相关的资料，选取学生熟悉的事例进行教学，从学生的已有经验出发，提高学生的学习兴趣，培养学生的科学素养；在教学形式上，教师要从现实生活中的现象出发，创设生活化情境，从而"活化"化学知识，培养学生解决实际问题的能力。

第一节 生活化教学模式概述

一、生活化教学的理论基础

（一）心理学基础

瑞士心理学家皮亚杰最早提出了建构主义。他认为，学习活动是在与身边环境相互交流的过程中发生的，学生在此过程中逐步建立起对外部世界的认识，同时使自身得到发展。由于我们并不是独立存在的，而人人都有自己探索事物的方式，因此在学习活动中，教师和学生都应该注重交流与合作。学习不仅仅是学生自身对知识的认识和师生之间信息的传递，更重要的是学生通过交流和合作对新旧知识和经验进行认识和完善。因此，合作学习受到建构主义者的广泛重视。在认识活动中，每个人看到的事物都是不一样的，所以没有统一的认识标准，学生可以通过合作使认识和理解更加丰富和全面。在教学活动中，学生可以在已有经验的基础上进一步学习新的知识，从原有知识经验中提高自己，使自己进步。总的来说，教学活动不只是知识的传递，更是一种知识处理和转换的过程。

在建构主义理论中，教师并不只是知识的传授者，而应该在教学活动中重视学生自身对事物的理解，尊重学生的看法，并根据学生的理解引导学生调整自己的认识，丰富学生的理解。同时，教师也要努力对新知识、新内容进行认识和改造，使其能有效地与学生的原有知识和现实世界衔接和沟通，促进学生认识新内容。教师是意义建构的帮助者和促进者，学生是意义建构的主动实施者，是学习信息并对其进行加工的主体。教师是学习活动的主导者和指导者，而学生则是学习过程中的主体，教师承担监督学生学习和探索新世界的责任，最终目标是实现学生自主学习能力的提高。

建构主义理论认为，学习在本质上是学生主动进行意义构建的过程。在一定的情境下，学生通过与他人的交流、合作总结已有信息，利用意义的建构便可以获得新的知识。协作学习的过程，其实就是彼此交流的过程，在整个过程中，学生个体的想法可以为学习整体共享。意义的建构是学习活动的最终目标。教学活动应以真实性任务为学习内容，以解决学生现实生活中的问题为目标。由于具体问题的解决通常涉及多个概念、理论，因此在教学活动中应弱化学科界限，强调学科之间的交叉。

与其他心理学理论相比，建构主义更强调学习主体对知识的建构过程。教学活动的意义在于学生主动进行知识建构，教学生活化的目的就在于可以结合学生自身的生活环境来促进他们对所学知识进行建构。

（二）教育学基础

生活伴随着教育。20世纪初，美国教育学家约翰·杜威根据当时教育的实际状况，提出了"教育即生活"的理念。中国教育家陶行知在杜威理论的基础上，结合中国教育发展现状，提出了"生活教育"理论。从此以后，生活与教育的关系、科学世界与生活世界的关系等逐渐得到广泛讨论。

作为美国著名的教育学家，约翰·杜威是实用主义教育的创始人之一。他的思想主要体现在三个方面：教育即生活、学校即社会、从做中学。他认为教育就是生活和经验的改造，而传统教育是把成人的标准强加给正在逐渐成熟的儿童。约翰·杜威的理论，打破了当时美国传统教育受制于课本的局面，教育整合社会资源，很大程度上提高了教育效率。实用主义教育理论在教育理论发展和现实教育活动的发展进程中都具有重要的意义。

陶行知先生的教育思想的核心为生活教育，是在约翰·杜威的实用主义教育思想的基础上发展而来的，但并非没有自己的特色，而是结合了当时中国的教育情况，批判性地吸取了实用主义教育思想中合理的部分，陶行知将约翰·杜威的理论进行了改造和发展，并逐渐深化，形成了自己的主张：生活即教育、社会即学校、教学做合一。另外，陶行知先生还认为生活化教育的本质在于其生活性，教育通过生活实现，必将推动人的全面发展和社会的进步。

从定义上说，生活教育是通过生活实现教育；从教育和生活的关系来说，生活决定了教育的发展；从效果和作用上来说，只有生活才能实现真正的教育。从生活教育理论中，我们可以体会到，教育要从实际生活出发，而教育的最终目的仍要回归到生活中去，解决生活中的实际问题。教育工作者应注重引导学生去关注实际，联系生活，关心实践，真正地提高自己解决实际问题的能力，培养自身的科学素养。

（三）学科教学基础

"STS教育"是指科学（science）、技术（technploge）和社会（society）教育，强

调以学生为中心,让学生在真实的社会背景中通过解决具体问题理解科学、技术和社会之间的相互关系,把学生对于自然界的理解(科学)、人造世界(技术)与他们的日常生活经验(社会)紧密结合起来。"STS 教育"是国际理科教育及其改革的一种指导思想,"STS 教育"主要培养学生的科学素养,帮助学生获得决策能力。新课程改革的一个很大的变化就是注重人文精神与自然科学的融合及情感态度与价值观的教育,同时渗透"STS 教育"理念。比如,苏教版高中化学教材在"STS 教育"理念的基础上又提出了"生活、化学、社会"的概念,引导学生从实际生活中学习化学,并将化学知识应用到社会中去,从而改正传统化学教学只注重知识的获取的缺点。化学知识以学生身边的真实事例引入,强调培养学生的科学素养。通过让学生体验科学探究活动的过程和方法,注重发挥学生的积极性,锻炼其科学探究能力,有助于学生关注和分析与科学、技术有关的生活、社会问题。

　　高中化学教材的编制大多是以"STS 教育"理论为指导思想的。在教材编制中,一方面,课程选材是在社会问题的基础上引出化学概念;另一方面,课程选材以系统的化学基本概念、基础理论为主,注重与实际生活、社会生产的联系。这样的教材从实际生活出发,更能激发学生的学习兴趣,更好地完成教学目标。

二、生活化教学的原则与实施策略

　　有人说生活化教学是"教学情景是与生活相沟通的,教材内容是与生活联系的,教师和学生是彼此联系的,他们以教材为中介,共同参与到教学活动中,在教学活动中不仅进行知识和文化的传承和创新,更是对世界观、人文观念的整合,并且在此过程中寻求共同发展";有人说生活化教学"是这样一种教学方式,在组织教学活动中要利用各种条件创设一种教学情境,如生活中的一些具体实例、化学现象、调查研究和实验探究,在这种情境中,学生可以利用现实生活及生活经验去发现、分析、思考、解决问题,体验和感受生活,发展实践和创新能力"。笔者认为,生活化教学就是从学生自身的经验出发,强调知识与生活的联系,创设生活化教学情境,学生和教师共同参与教学活动,在教学过程中共同发展。

（一）生活化教学的原则

1. 主体性原则

教师要充分认识到学生是教学的主体，在教学过程中充分重视学生的主体地位，充分调动其主观能动性，使学生参与到教学活动中来，不仅使学生掌握化学知识，更要培养其学习能力。

2. 科学性原则

生活化教学还要遵循科学性原则。科学性原则是指在教学过程中对教学素材的选取、问题情境的创设、教学过程的设计等都要秉持严谨的科学态度，遵循学生的认知规律。比如，有时候学生的生活知识并不符合科学规律，这时教师就要引导学生通过学习掌握正确的科学知识。

3. 开放性原则

教师在选取素材时，不能只局限于教材中的生活化素材，应从多个渠道搜集和化学相关的各种信息，如网络、电视媒体、杂志等，从中汲取有效的信息，把教学活动从课堂延伸到实际生活中。化学是一门自然学科，与其他学科如生物、物理等也有着千丝万缕的联系，所以生活化教学在实施过程中要遵循其开放性特点。

（二）生活化教学实施策略

1. 教学情境生活化

教师创设的教学情境要生活化。比如，利用自然现象、演示实验、化学史实等创设生活化情境。

2. 教学内容生活化

陶行知曾提出"生活即教育，用生活来教育，为生活而教育"。但是在升学考试的影响下，传统的教学往往只训练学生的解题技巧，而忽略了学生学习能力的培养。《化学课程标准》要求化学教学含有生活元素，教学内容要与生活联系得更为紧密。现实生活才是学生应用知识的场所，教师在实施教学时要选取和生活相关的素材。

3. 实验教学生活化

中国著名的化学家戴安邦先生认为，化学实验教学是实施全面化学教育的一种最有效的形式。在教学过程中，实验不仅可以吸引学生的注意力，更能激发学生的学习兴趣，启发学生思维，培养学生的科学态度。因此，实验教学也必须遵循生活化策略。一方面，教师可以选择生活中常见的物品作为实验用品。例如，讲解原电池时可以利用各种水果设计水果电池。另一方面，教师可以把实验与解决实际问题联系起来。例如，讲授二氧化硫性质时可以引导学生思考酸雨的预防问题。

4.课堂训练生活化

学生在课堂上所获取的知识，只有通过各种训练，才能掌握得更为扎实，而学生学习的化学知识将来肯定要应用到社会生活中。因此，课堂上不能只训练学生的解题技巧，使学生机械地记忆各种知识点，而脱离实际生活。课堂训练的设计也要考虑到和生活的联系，让学生把所学的理论知识应用到实际生活中去，这样才能培养学生解决实际问题的能力。

5.教学方式生活化

生活化的教学要求教师在教学时注重生活实际，重视学生的直接经验，选取贴近生活、符合学生心理特点的素材，把理论知识的学习与学生所熟悉的生活经验联系起来，同时还要创设生活化情境，重视知识在实际生活中的应用，创造学生自己动手实验、观察的机会，把化学理论、化学公式变成活生生的生活，也就是说，在教学方式上要体现生活化。

教学方式的生活化有多种方法。如教师模拟生活情境并引导学生解决生活实际问题；教师实验演示生活中的一些化学现象，带领学生找出其中的化学原理；列举生活中应用化学知识的实际事例等，以培养学生的综合能力。

第二节 高中化学生活化教学模式的实施背景

一、我国高中化学教学现状

多年来，许多高中学校领导将教育的目标定为提高升学率，高中化学教师教学的重点则在于如何使学生在考场上获取较高的分数，忽视了学生发展的真正需要。在盲目追随升学率的进程中，教学活动只看重结果而忽视了对学生能力的培养。在教育工作者过分强调具体理论知识的掌握的过程中，没有人真正注意到学生的未来发展需要，更错失了培养学生的兴趣和自然科学学科科研能力的机会。

化学学科作为一门自然科学学科，与人类的生产和生活有着密切的联系。因此，化学教学应是灵活实用的。在目前的高中教学中，化学仅仅被看作一门高考科目，教师和学生则更注重其知识体系的基础性，教学活动的重点是高考涉及的理论，至于学科本身在实际生活中的应用和知识点本身与现实生活的联系则很少被提及，学生的学习是被动的。接受式学习不仅阻碍了学生对化学产生兴趣，更压抑了学生探索知识奥秘的好奇心，培养出的学生虽然可以在考场上获得成功，但缺乏实践能力和创新精神，在潜能发挥和个性发展等方面丧失了很多机会。回归生活世界是当今世界各国基础教育改革的探索方向，是针对传统教育的各个弊端提出的。作为一个哲学变革的主题，回归生活世界逐渐与教学传统理论相结合，并被应用到教学实践中来。

二、生活化教学模式的历史渊源

教育活动自产生之日起就来源于现实，来源于生活，它是一种始终围绕着人的活动，与人类个体和社会生活有着多样的联系。将生活与教育结合在一起，并在生活中实现教育自身的发展，可以实现促进人类文明进步的目标。但是，随着社会的发展，科技的进步，教学活动逐渐与社会活动分离，片面追求理论学习，最终导致教学与生活脱离。但随着时代的进步，教育正逐步回归生活。

（一）教育在生活中产生

在原始人类社会化的进程中，随着社会生产和社会生活的不断进步，教育逐步产生。此时的教育并未完全从生产和生活中脱离出来而形成独立的教育形态，此时的教育是为了生活并通过生活进行的教育，因此教育活动与生产和社会活动融于一体。

（二）教育与生活的脱离

在农业社会里，由于生产方式的变革和生产关系的进步，人类逐渐掌握了利用自然的技术，在实践中逐步获得了认识世界的知识和能力。在这样的社会背景下，产生了独立的教育形态。此时，教育活动已经从现实生活中分离出来，在专门的场地进行。由于教育并不直接作用于生活，两者之间出现了分化，并最终导致两者的分离。

19世纪以来，工业革命和资本主义得到了飞速发展，科学技术取得了较大的进步。与之前的时代相比，此时的知识大幅度增长，教育的课程类别逐渐增加。人类生活的各个方面都被单独作为一门功课来学习，并独立教学。对学科的单独学习和研究有助于人类更清晰地认识和了解事物，但同时也带来了不可避免的弊端，学校生活与社会和现实的脱节变得更加严重。

以自然科学认识论为基础的教学论认为，教学活动只是为了培养学生的智力和能力，是为了学生步入社会后更好地发展做准备，并不是学生生活的过程。因此，此时的教育工作者认为学生不必去感受和体验生活，这样的教育理念严重地局限了教育和生活的关系，它认为教育的价值在于知识的掌握，忽略了书本知识与现实生活和问题的联系。过分的理性化将学生的最根本需求排除在外。人类社会所积累的系统知识虽然得到了有效的传递，但是丰富的教育活动被简化为简单的认知行为。此时的教学活动把认知作为教学的任务和中心。课堂教学已经丧失了生活意义。

（三）教育回归生活

20世纪以后，随着科技的迅速发展，现代人类的生产和生活方式都发生了深刻的变化。这些改变对教育提出了更高的要求，并有了新的标准。单纯的认知行为已经不能满足时代的需要。教育活动不得不联系实际，重新走进生活。此时涌现出一批反对传统教育的新教育家，如约翰·杜威、伯特兰·罗素、陶行知等，他们都主张尊重儿童的个性，让儿童在活动过程中发展自己的个性和能力。他们认为教育是来源于生活的，又是人的生活所必需的，教育与生活本来就是不可分割的。由此，生活教育又重新得到各国的重视。

三、新课程改革的教育理念

（一）新课程改革

教育其实是一种生活，而且教育是以人为中心的。教学生活化作为目前教育界发展的新方向受到欧美发达国家的重视，并成为心理学家、教育家等研究的热点。皮亚杰提出，教育最首要的目标在于培养具有创新能力的人，而不是重复去做前人做过的事情。现代教育提倡的是"以人为本"，重点在于对人的主体性的关注和人的生命价值的尊重。学生不仅是学习者，还是生活者，教育就是他们的生活世界。回归生活世界是现代教育最为显著的特征和根本任务。回归生活的化学教育才可能展示教学的最终意义。

教学的艺术不在传授本领而在于激励、唤醒和鼓舞。新课程改革提倡的理念之一就是要回归学生的生活世界。新课程改革要求学生主动走进化学、学习化学，使化学教密切联系生活，在学习中丰富生活经验和社会实践，从而激发学习兴趣，调动学习积极性，培养自身的社会责任感，最终使新课程改革提倡的生活化理念得到有效落实。

新课程改革要求高中化学教材具有基础性、时代性和选择性，这就要求化学教学必须与生活相联系，体现时代特色，与学生的生活息息相关。化学课程的总目标是全面提高学生的科学素养，并构建与之相匹配的教育体系和课程模式，贴近生活、贴近社会是其根本的指导思想。化学课程的总目标强调，从学生自身已有的生活经验出发，在教学中更加注重化学知识与日常生活的联系。在教师的引导和帮助下，学生主动观察和探究生活中的物质，了解它们对自身生活的切实影响，进一步体会到科学技术的进步对人类生活产生的巨大影响。主动探究不仅能满足学生的好奇心，而且能使学生有效地认识到物质的用途和性质之间的关系，帮助学生从化学的角度认识事物、理解自然，形成科学的物质观和对自然科学的正确理解与认识，最终实现学生对化学与技术、社会的密切联系的深层次理解。

（二）化学教育的现实价值

1.提高学生的科学素养

教育是社会活动的一部分，它发生在现实世界中。新课程改革下的化学教育关注现实生活中学生之间、学生与教师之间、学生与社会之间的交流与理解，把书本理论纳入现实生活中，赋予教育活动以生活的意义和生命的价值。教育活动实现的不仅是对科学术语和基本概念的理解,而且也是学生对科学过程的理解,更是学生对科学技术和生产生活相互关系的理解。

化学学习要求学生将社会经验与课本知识真正地联系起来。作为一门自然科学学科,化学有自身的优势:在真实背景下学习化学,有利于让化学更深入学生的生活,真正实现让学生从生活走进化学,从化学走向社会,使学生在学习的同时感受到化学在生活中的价值和对社会发展起到的作用。这样,不仅可以提高学生学习化学的积极主动性,还可以真正培养学生的社会责任感。

2.促进教育工作者的专业进步

新课程改革有着和以往不同的教育理念。然而,如果脱离了教育活动和教学实践,新课程改革将只是空谈的理论,会落入纸上谈兵的误区。教育工作者只有将课堂教学与现实生活和社会实践联系起来,真正实现将理论带入生活和在生活中实现理论,才能体现新课程改革的教育精神,这要求教育工作者有一定的专业水平。

3.教学方式的有益探索

许多社会问题都与化学息息相关。在学习基础知识的同时,培养学生关注社会热点的习惯,有利于学生将理论应用于生活。新课程改革下的化学教育可以让学生在学习的同时了解到化学知识来源于生活,并将化学知识与现实生活应用于现实生活中。在这样的氛围中,学生可以养成积极发现问题、思考问题、解决问题的习惯,从而不断提高学习新知识并将其应用的能力,这样就为学生未来的发展和终身学习能力的培养提供了有效的途径。

第三节 高中化学生活化教学模式实施案例

一、化学元素及其化合物

有关化学元素及其化合物的知识在教材中占有很大的比重,对于这类知识,学习方法的掌握显得尤为重要。化学元素及其化合物是高中化学的基础知识部分，并且与生活有着密切的联系。由于此部分内容较多，知识点较琐碎，学生往往觉得要记忆的东西太多、太乱，学习起来较为困难，所以要提高学习效率，就必须掌握正确的学习方法。因此，在教学活动中，教师可以利用现实生活中的事例、化学现象等来导入新课，调动学生的积极性，激发学生的学习兴趣，并将所学知识应用到生活中去，这样不仅可以加深学生记忆，更能培养其科学的学习态度、学习方法和解决实际问题的能力。

"富集在海水中的元素——氯"以生活化教学模式展开教学，具体教学设计见表3-1。

表3-1 "富集在海水中的元素——氯"教学设计

课题	**富集在海水中的元素——氯**
设计思想	学生对元素及其化合物性质的了解主要来自对生活现象的观察、经验总结和实验探索。因此，在本节课的教学中，充分应用生活中的事例及实验创设问题情境，激发学生的学习兴趣和求知欲望。在教学中，设置大量的生活信息以激发学生的学习兴趣，以生活中的真实事例来引入新课，引导学生了解氯气的性质，掌握氯离子的检验方法。
教学目标	知识与技能： 1.了解并掌握氯气的化学性质（与金属、非金属的反应），知道氯气的氧化性。 2.掌握氯离子的检验方法。 过程与方法： 1.运用生活中和化学相关的信息，激发学生的学习兴趣。 2.通过引导学生观察、分析实验现象，培养学生的归纳、推理能力和探究精神。 情感态度与价值观： 1.运用科学史实，培养学生的科学态度。 2.创设问题情境，培养学生提出问题、分析问题的能力。
教学内容分析	在学习本节课之前，学生已经学习了金属及其化合物的性质，对元素及其化合物的学习已有一定的基础。通过本节课的学习，学生可以掌握非金属元素及其化合物性质的学习思路和学习方法，并且可以很好地巩固前面学习的离子反应和氧化还原反应的相关知识。

	续表
教学重点	氯气的化学性质。
教学难点	氯气的化学性质。
教学过程	导入新课： 多媒体课件展示与氯气有关的图片。 教学意图： 通过多媒体展示图片，让学生了解氯气在生活、工农业生产中的应用，激发学生的学习兴趣和求知欲望。 过渡： 氯气究竟是怎样一种气体呢？这节课就让我们来探究氯气的性质吧！ 学生阅读教材"科学史话——氯气的发现和确认"部分。 提问： 从中可以发现氯气有什么样的性质？ 板书： 第二节　富集在海水中的元素——氯 活泼的黄绿色气体——氯气 1.化学性质：黄绿色、有刺激性气味的气体，密度比空气大，有毒，溶解性约1∶2。 提问： 既然氯气有毒，那么我们在闻氯气的时候应该怎样操作呢？ （用手轻轻地在瓶口扇动，使极少量的气体进入鼻孔。） 应用： 回放材料：假如你正处在氯气泄漏的现场，你应该怎么办？ （学生讨论） 教学意图： 学以致用，激发学生的学习兴趣，培养学生分析问题、解决问题的能力，将学生所学

	续表
	化学知识应用到生活中去,也让学生认识到化学与生活的密切联系。 过渡: 　　我们知道元素的结构决定性质,大家能否根据氯元素的结构,结合前面所学知识,推测它有什么性质? 　　(氯是第 17 号元素,最外层有 7 个电子,很容易得到一个电子而变成氯离子,因此氯气是一种非常活泼的物质。) 结论: 　　氯气不仅能与活泼的金属钠反应,还能与铁、铜等发生反应,生成相应的化合物。 板书: 　　2. 化学性质 　　(1) 与金属的反应 　　$2Na+Cl_2=2NaCl$ 　　$2Fe+3Cl_2=2FeCl_3$ 　　$Cu+3Cl_2=CuCl_2$ 过渡: 　　氯气不仅能与金属反应,还可以和一些非金属发生反应。 演示实验: 　　多媒体课件展示氢气在氯气中的燃烧,指导学生观察现象。 　　(现象:氢气安静地燃烧,有苍白色火焰,瓶口有大量的白雾。 烟和雾的区别: 烟:固体小颗粒。 雾:由小液滴形成。) 板书: 　　(2) 与非金属的反应 　　$H_2+Cl_2 \xrightarrow{点燃} 2HCl$(安静地燃烧,苍白色火焰) 　　$H_2Cl_2 \xrightarrow{光照} 2HCl$(爆炸) 设计意图: 　　充分运用实验,加深学生的印象,引导学生通过讨论的形式主动地参与课堂教学活动,

教学过程

续表

教学过程	提高学生的学习积极性。 思考与交流： 通过这个实验，你对燃烧的条件及其本质有什么新的认识？ （学生讨论） 总结： 燃烧不一定需要氧气参加，任何发光发热的剧烈的氧化还原反应都可以叫燃烧。燃烧的本质就是氧化还原反应。 教学意图： 引导学生从已有经验推理出新知识，培养其推理能力。 过渡： 在日常生活中我们经常接触到各种含氯离子的物质，如食盐——氯化钠，那么如何来检验氯离子呢？ 演示实验： 氯离子的检验：检验氯离子时，为什么在加入硝酸银之后还要加入盐酸？ （排除其他离子的干扰。） 结论： 在检验氯离子时，先加硝酸酸化，再加硝酸银，有白色沉淀生成，说明存在氯离子。 教学意图： 通过实验探究，加深学生的理解。 课堂小结： 本节课主要学习了氯气的化学性质和氯离子的检验，下节课将继续学习氯气的其他性质，请大家做好预习。

二、化学基本概念和理论

高中化学教材中的概念和理论知识是学生运算和推理的基础，所以对于这部分知识的学习重在理解和应用。但是概念和理论知识往往比较枯燥，并且理解起来较为困难，如物质的量和氧化还原的概念，一堂课下来，学生往往晕头转向，不知所云，更谈不上熟练地应用了。所以对于枯燥难懂的知识，教师教学时可以从生活中的一些现象出发，在学生原有认知的基础上逐步推理出所学理论，并将其运用到生活中去，加深学生记忆，注重学生对理论的应用。

"化学计量在实验中的应用"以生活化教学模式展开教学，具体教学设计见表 3-2。

表 3-2 "化学计量在实验中的应用"教学设计

课题	化学计量在实验中的应用
教学目标	知识与技能： 1.了解物质的量及单位，了解阿伏伽德罗常数的含义。 2.了解物质的量与微观粒子数之间的关系。 过程与方法： 1.学生通过课堂练习初步掌握物质的量与阿伏伽德罗常数的关系。 2.通过对物质的量概念的理解和应用，培养学生的运算能力。 情感态度与价值观： 1.通过对物质的量的理解，端正学生的学习态度，培养学生掌握正确的学习方法。 2.通过对物质的量的应用，使学生感受到物质的量是宏观世界和微观粒子之间联系的纽带。
教学重点	理解物质的量的概念；能进行物质的量和微观粒子数之间的简单计算。
教学难点	理解物质的量、阿伏伽德罗常数的含义；较熟练地运用公式。
教学过程	导入新课： 先请同学们帮忙解决三个问题。 （1）咱们班有多少位女同学呢？

	（2）农贸市场存有 20 箱苹果，一共有多少个苹果呢？
	（3）10 kg 小米是多少粒呢？
	学生讨论：
	（1）直接数。
	（2）先查出一箱有多少个苹果，再算出 20 箱有多少个苹果。
	（3）先数出一两小米有多少粒，再算出 10kg 小米有多少粒。
	提问：
	500 ml 水中有多少个水分子呢？
	（学生讨论）
	过渡：
	对于宏观物质来说，我们可以先数出小部分"集体"所含物体的个数，再计算出总数，那么对于微观粒子呢？我们不可能一个个去查和称量，这时我们就需要一个化学量将微观粒子的数目与宏观的物质的质量联系起来，这个化学量就是物质的量。
教学过程	教学意图：
	采用生活中的事例来创设问题情境，吸引学生的注意力，调动学生学习积极性。
	板书：
	第二节 化学计量在实验中的应用
	一、物质的量——摩尔
	1. 物质的量
	（1）定义：是一个表示含有一定数目粒子的集合体的化学量，符号是 n。
	（2）单位：摩尔，简称 mol。
	教学意图：
	和学生已有的知识对比，加深学生对物质的量的理解。
	讲解：
	1.物质的量表示物质所含微观粒子的多少，"物质的量"这四个字是一个整体，不能随便增加或删掉。
	2.物质的量是微观粒子计量单位，不能表示宏观物质。
	3.微观粒子可以是原子、分子、离子，也可以是粒子集合体。
	练习：

| 教学过程 | 请同学们判断下列说法是否正确：
1.氢的物质的量是 3 mol。
2.小米的物质的量是 1 mol。
学生讨论：
都不对。物质的量所指的对象可以是原子、分子、离子，也可以是粒子集合体，氢指代的粒子种类不确定，可以是氢原子，也可以是氢分子。小米是宏观物质，不能用物质的量表示。
过渡：
那么 1 mol 物质到底有多少个微观粒子呢？
板书：
2.阿伏伽德罗常数
N_A=6.02×10^{23} mol^{-1}
举例：
比如 1 mol 氢气中约含有 6.02×10^{23} 个氢分子；而 3 mol 碳中约含有 3×6.02×10^{23} 个碳原子。
提问：
由以上例子可以看出物质的量、阿伏伽德罗常数及微观粒子数之间存在什么样的关系呢？
板书：
3.物质的量、阿伏伽德罗常数及微观粒子数的关系
练习：
（1）2 mol 氧气约含有＿＿个氧气分子，＿＿个氧原子。
（2）1.204×10^{24} 个水分子的物质的量。
（3）3.01×10^{23} 个 O$_3$ 的物质的量是＿＿＿＿，其中含有氧原子的物质的量是＿＿＿。
课堂小结：
本节课主要讲解一个联系微观粒子和宏观物质的化学量——物质的量。学习目标为会运用公式进行物质的量、阿伏伽德罗常数及物质微观粒子数之间的简单运算。 |

三、化学实验课

实验是对学生所学知识和理论的检验。实验做好了，不仅可以加深学生对所学知识的理解，还能锻炼学生的动手能力。在组织实验时，教师可以生活中的物品为实验用品或以生活中的现象为实验原型，使学生原有的认知结构贴近化学实验，引导学生独立思考、大胆探索，以达到提升科学素养的目的。

"自制水果电池"具体实验设计见表 3-3。

表 3-3 "自制水果电池"实验设计

实验	自制水果电池
实验原理	两个活性不同的电极，插入水果做的电解质溶液中，形成闭合回路，就可以形成原电池，产生电流，对外界提供电能。
实验目的	根据所学的氧化还原反应和电化学知识，利用现有的实验用品，设计一套原电池装置，加深对原电池原理的认识。
实验器材	镁条、铜丝、铁片、导线、金属夹、小灯泡、果汁（柚子汁、苹果汁等）、500 ml 烧杯。
实验步骤	1.制备果汁，并将果汁放入烧杯中。 2.分别将铜片、铁片插入果汁中，将金属夹、导线和小灯泡连接起来，形成闭合回路。 3.观察实验现象。

四、化学习题课

化学习题是对化学课堂教学成果的检验，传统的练习往往脱离了化学知识本身，不注重化学与生活的联系，造成学生即使做了大量练习，分析和解决问题的能力依然很差。所以习题课应改变传统的枯燥、抽象的模式，增加习题的生活化信息，让学生"身临其境"地去解决问题，充分发挥习题的素质教育功能，培养学生理论联系实际的思想和解决问题的能力。

作业1　富集在海水中的元素——氯

1.假如我们遇到了氯气泄漏，我们应如何自救？（　）

A.向逆风地势较高处转移。

B.向顺风地势较低处转移。

C.用蘸着肥皂水的湿毛巾护住口鼻。

D.用蘸着氢氧化钠溶液的湿毛巾护住口鼻。

答案：A、C

2.自来水不能直接用来养金鱼，需要放置一段时间或在太阳下暴晒一阵，原因是（　　）。

A.起到杀菌作用　B.使水中次氯酸分解　C.提高水温　D.增加水中氧气含量

答案：B

3.你认为生活中使用到的漂白粉可以用来消毒吗？原因是什么？

答案：可以。因为漂白粉主要成分是次氯酸钙，它可以和空气中的二氧化碳发生反应，$Ca(ClO)_2+H_2O+CO_2=CaCO_3\downarrow +2HClO$，生成的次氯酸有强氧化性，可以用来漂白。

作业2　几种重要的金属化合物

1.学以致用——谁动了我的金属钠？

小明从实验室取出一块金属钠放在塑料罐里准备做实验，但是几天后他发现金属钠不见了，只留下一点白色粉末，他觉得非常奇怪:是谁动了我的金属钠？

答案：将钠暴露在空气中，会发生如下变化：

开始呈银白色(钠的真面目)→变暗(生成Na_2O)→变白色固体(生成$NaOH$)→成液($NaOH$

潮解）→结块（吸收 CO_2，变成 $Na_2CO_3 \cdot 10H_2O$）→粉末（风化）。有关反应如下：

$4Na+O_2=2NaO_2$

$Na_2O+H_2O=2NaOH$

$2Na+2H_2O=2NaOH+H_2\uparrow$

$2NaOH+CO_2=Na_2CO_3+O_2\uparrow$

2. 鲜榨的苹果汁在空气中放置一段时间后会由浅黄色变为棕黄色，可能是因为（ ）。

A. 苹果汁中的 Fe^{2+} 变为 Fe^{3+}　　　B. 苹果汁中含有 Na^+

C. 苹果汁中含有 Zn^{2+}　　　　　　D. 苹果汁中含有 Cu^{2+}

答案：A

通过生活化教学实践研究可以发现，生活化教学对激发学生学习兴趣、培养学生分析问题、解决问题的能力及学生科学素养的提升确实起到了积极的作用。总之，生活化教学是符合现代教育发展趋势的一个重要理念，关于它的研究需要更多的教师和学者参与。

新课程改革在课程领域的很多方面都有很大变化，特别是课程结构的变化。在内容上，新课程改革强调化学联系现实生活；在方法上，新课程改革强调组织实践活动；在教材上，新课程改革为了满足不同水平学生的发展需求，每一学科都划分为必修和选修模块；在课程目标上，新课程改革从知识与技能、过程与方法、情感态度与价值观等三方面进行了阐述；在课程理念上，新课程改革提出了一个全新的理念：注重与现实生活的联系。经历了新课程改革后的高中化学课程强调了化学知识与现实社会、生活的紧密联系，更加注重学生的日常生活经验，以及科学技术新成果，实现了课程生活化、社会化、实用化。用生活化的内容充实课堂教学，这也是国际课程改革的一个普遍趋势，因此，近年来关于生活化教学的研究受到广泛关注，这也提醒广大高中化学教育工作者在平时的教学活动中应合理利用生活化教学理念，以更好地顺应高中化学教育的进步与发展。

第四章 高中化学开放式教学模式探究

第一节 开放式教学模式概述

对化学教学来说，培养学生的逻辑思维能力是重要的，但学生只有逻辑思维能力是远远不够的。如果说"逻辑思维"是收敛的、封闭的，那么"创造性思维"就是发散的、开放的，开放式的化学教学，则是有效地将二者整合为一的关键性方式。

一、开放式教学的含义

开放式教学是与封闭式教学相对的，而"问题"又是化学的核心，以开放性问题来引导开放式课堂教学是化学学科的基本特色。因此，化学开放式课堂教学是一种以"开放性问题"为教学内容，以开放性思维为培养目标，以开放性活动为培养方式的课堂教学形式。

开放包括教学目标的开放、教学内容的开放、教学过程的开放、教学方法的开放、师生关系的开放、教学环境的开放和教学评价的开放。化学开放式教学是一种教学理念，一种教学文化，一种教学形式，一种教学艺术，化学开放式教学具有民主性、动态性、创造性和合作性的特点。

高中化学开放式课堂教学有两方面含义：一方面是指课堂教学要为学生创设一个有利于群体交流的开放的活动环境；另一方面是让化学学习活动成为一个生动活泼而富有个性的过程，给学生的创新思维提供更广阔的天地，使学生得到更充分的发展。

二、开放式教学的内涵

开放式教学应具有三个基本特征：其一，学生与化学活动融为一体；其二，学生的活动是开放的；其三，问题本身是开放的。因此，开放式教学是在开放的人文环境中创设有利于学生探索学习、合作交流的开放性问题情境，在开放的问题解决过程中，学生在已有的认知基础上通过有效的学习方式得到相应的发展，获得不同的学习和情感体验的教学方式。高中化学开放式课堂教学的内涵包括以下几个方面：

（一）教学目标开放

由于学生的化学学习能力和水平存在差异，所以教学目标不能追求完全的统一，其理论内涵是人本主义心理学的教学观念。教学目标的开放性体现在两个方面：其一，群体的开放性。整体的三维目标设计具有一定的开放性，也就是说，教学目标整体应该是动态的，是可以在教学中适度调整的，如果在教学中发现大多数学生无法达到目标，教学目标可以随之降低，反之亦然。另外，教学目标还要具有一定的延伸性、发展性，可以促进学生课后反思，为其后续发展预留空间。其二，个体的开放性。从我国现在的实际教学情况来看，不可能针对每一个学生的实际情况，为每一个学生都设计一个教案和个性化的教学目标。但是在设计教学目标时要考虑不同水平学生的学习能力，设计的教学目标要有层次性，而且设计的目标都应在学生的"最近发展区"内，从而实现每一位学生的个性发展。

（二）教学内容开放

虽然教学内容的基础是课本，其体系和元素是相对固定的，但是教学内容的呈现方式是开放的，呈现的角度是开放的，知识元素的外延是开放的，这是后现代主义的课程观和建构主义的表现。首先，从宏观设计的角度看，化学教学内容既要强调终身学习必备的基础知识和基本技能的掌握，也要加强课程内容与学生生活和现代社会科技发展的联系。其次，从课堂教学的角度看，教学要根据学生掌握知识和能力发展的情况，对教学内容进行适当的调整，要体现一定的自主性和开放性。

（三）教学过程开放

教学的发生发展总是在动态因子的组合中进行的，因此教学过程应当是开放的，体现出后现代主义的教学观。教学是为激励学生主动参与教学活动，鼓励学生通过实验探求事物的本质的活动。在教学过程中，师生互动、生生互动，不同层次的学生都可以参与其中。教学过程的开放并不是外在的开放、形式的开放，而是"愉快学习"和"积极参与"。

（四）教学方法开放

教学方法的运用和研究必将是开放的，在某种程度上说，只要能激发学生的学习主动性，可以使用任何方法，这是化学教育哲学的思辨。教学方法应是开放的，这要求化学教师灵活运用各种教学方法和教学手段对课堂教学进行动态调控。

另外，教学中将计算机模拟实验与化学实验相结合，可以促进学生对问题现象与本质的探究。大多数学生对于信息技术的引入和化学实验很感兴趣，希望教师多运用这样的教学方式；在这样的教学方式中，学生发挥学习的自主性、主动性和创造性，学习的方式也是开放的，可以将小组学习或个别参与等多种方式有机结合，教师做好宏观调控和微观协调的工作即可。

（五）师生关系开放

开放式教学中需要建立民主、和谐、平等的师生关系，其核心是后现代主义的主体论。这种开放的关系既强调教师在教学过程中的主导地位，又要求尊重学生在教学活动中的主体地位。教师与学生一起在活动中探索，分享经验与成果，教师引导学生、信任学生，让学生真正成为课堂的主人，既要通过课堂教学推动学生智力发展，又要通过学生的发展促进教师课堂教学。教师不再"一言堂"，学生敢于发言、创新。

（六）教学环境开放

教学环境的开放包括教学时间和教学地点的开放、学生心理环境的开放。由于班级授课受课堂时间的限制，往往不能深入地完成某些教学内容的探索，化学学科本身具有实验方面的特色，教师应将教学时间和学习环境进行适当的开放，让学生走进实验室、走进大自然。除了开放教学过程，还可以开放课前和课后，如教师布置有开放性的题目，让学生有选择、有目的地预习和复习。

（七）教学评价开放

对于教学评价，教师应从学生的课上学习情况、课后作业情况、师生互动情况、生生互动情况，学生学习的投入情况等方面进行评价，这样才能体现教学评价的开放性。

第二节 高中化学开放式教学模式的构建原则与基本环节

一、高中化学开放式教学模式的建构原则

高中化学课堂开展开放式教学需要遵循以下四个原则：

（一）开放性原则

这是开放式教学最直接、最本质的原则。开放式教学的开放是全面的开放，从思想到行动，从课上到课后，从教学设计到教学评价，努力形成一种弹性、动态、开放、多元、多样的动态体系。教学目标应是弹性的，教学过程应是动态的，教学内容应是开放的，教学方法应是多元的，教学结果应是多样的，学生发展应是多种取向、多种可能和多种机会的，教学评价应是多维的。

（二）主体性原则

开放式教学的核心是促进教师和学生的双向发展，使其能够准确定位和执行自身角色功能。一方面，教师在主导地位上，营造开放性环境，实现学生主体性，促进每个学生的发展。另一方面，学生在开放环境中思维被激发、扩展，可以有效刺激教师进行教学反思，为教师提供更生动的教学案例，更丰富的教学经验，更多元的教学思维。

（三）过程性原则

过程性原则就是在教学过程中要有师生共同参与，充分体现化学思维过程。在教材

中，一些理论知识是前人总结的结论和定理，若想学生在第一次接触时像前人一样去推理并得出结论，教师就必须引导学生多思考、多探索，让学生学会发现问题、提出问题、分析问题、解决问题，并亲身参与解决问题的真实活动。实践证明，这种参与对学生认知的发展将会产生深远的影响，能促进学生思维品质的提升。

（四）合作性原则

开放式教学的目的并不是片面强调学生个体的发展，而是强调群体发展中的个体突破。课堂教学必须发挥集体的作用，在合作中构建真正平等的氛围。

二、高中化学开放式教学模式的基本环节

（一）确定开放目标，创设问题情境

问题情境是一种内心状态，一种当学生发现学习内容与其原有认识水平发生冲突时，急需解决疑问的内心活动。从定义上分析，问题情境具有三要素：未知的事物（目的），思维动机（如何达到），学生的能力水平（觉察到问题）。心理学研究表明，个体都具有弥补知识空缺、解决认知失调的本能性反应。学生对新知识的渴望，能促进其参与学习中的各种活动。问题情境的有效设置能够为有效的课堂探究提供保障，而问题情境的设置必须生动有效，这样才可能引起学生探究未知事物的兴趣。教师在教学活动中，应有效地、有意识地创设问题情境，激起学生探究事物的愿望，引导学生体验解决问题的快乐，激发学生的创造思维。问题情境具有强烈的吸引力，能激发学生对学习的渴望，使学生提高自我效能感，促进学生养成自主想象的思维习惯。而情境创设的依据是教学目标，而有效的情境创设有利于激发学生的问题意识。

1. 知识性目标及其情境创设原则

英国著名的课程理论学家劳伦斯·斯腾豪斯认为，知识与信息不同，它是一个结构，支撑着创造性的思维并提供判断的框架。知识提供的是思维的原材料，使人们可以运用它来思考。知识的价值在于作为思考的焦点激发各种水平的理解，而不是作为固定的信息让人接受。

教育最原始的责任是传递知识，教育意味着把有价值的东西传递给那些参与教育的人。因此，传递知识是教育的第一属性。教学目标并不能完全依靠教师个人的教学行为

完成，而是在教师与学生合作的条件下才能完成。

从教学内容本身来看，知识体系并没有很大的改变，但是教师对教学内容的理解和理解方式必须发生相应的改变，打破原有的对知识信息化的理解。知识所扮演的角色不再仅仅是教师教授课程的主线，而是课堂探究的"引发剂"，是课堂的信息主线和活动主线。因此，教师在准备课堂教学内容的时候必须考虑到"如何创设情境、引发疑问"这个问题，也就是找到知识本身的"疑问点"，必须做到使学生"有疑而问，而不是无疑而问"。

一方面，知识情境的设置要注意"适中性原则"，虽然高中化学课堂教学的具体内容是根据《化学课程标准》确定的，但是对于学生而言都是新的知识，所以学生内部的认知动机都是一样的。因此，教师在挖掘知识内涵的时候应当注意到学生现有知识结构和认知水平的状况，合理设置情境。另一方面，知识点"引发性"要好，并不是一个难度适中的知识就能引发学生良好的问题意识，开放式教学的目的并不仅仅局限于思维训练，还涉及实践能力、情感体验等诸多方面。

知识情境设置要注意"多维性原则"，知识本身是一维性的，也就是只能体现其自身的信息性。如果在开放式教学中，教师只注重知识本身，那么教学过程就只能是知识的传递过程，教学的教育效能就大大降低了。所以在进行教学设计时，教师选择知识情境时就必须注意到教学其他各方面的要求，在知识情境的设置中就应当加入行为、过程、情感等若干因素，从而丰富教育情境的活动因子，增强教育的有效性。

2.行为性教学目标及其情境创设原则

开放式教学中行为的因素被大大强化。开放式教学充分鼓励学生在课堂上针对开放题目展开广泛的交流，所以对学生行为能力的培养不再是教育的影响因素，而是必须实现的教育目标。学生只有通过交流活动才能有效地将所学的知识转化成能力，知识建构才能更有效地完成。

教学中行为的意义不单单是使学生的思维更加活跃，使学生产生更强的思维活性，而是通过行为使学生获得相应的能力，形成相应的素养，养成相应的意识品质。教学过程中行为内容的选择，要根据知识内容确定，并以此刺激学生的感觉，以更好地进行知识建构。知识体系有其建构性，行为能力依然有其建构性，实践能力的养成也是一个螺旋上升的过程，是在一定行为能力的基础上继续建构的。因此，教师在教学中不但要强调化学逻辑分析等行为能力的习得，也要强调化学行为能力的建构，使学生养成的行为能力不是孤立的个体，而是有效的行为整体，这样的能力才是有意义的。

3.情感性教学目标及其情境创设原则

在教学目标中考虑意识情感的因素，就是通过现代化的教学理念与教学技术的有机整合实现既教书又育人的教育目的。情感教育的实现可以将知识能力升华为一种精神动力，反向激发更有效的知识学习和能力养成，为学生知识能力的更有效发挥提供内驱力的保障。

探究知识的过程，可以让学生获得相应的情感体验，这是从学习的外部条件向内部动因转变的关键性过程。教育的目的不仅仅是让学生获得相应的知识技能，这种技能要发挥效力，必须使之转化成必要的能力，而要使这种效力发挥良好的作用，就必须使之以意识的形式固化，这样教育才能真正起到"教书育人"的作用，也为学生的自身发展奠定良好的基础，为教育的良性循环提供方向。

首先，注意过程体验中的自我养成。在情感教育内容实施过程中，教师应当力争让学生自主发现、自主总结、自主养成，而不是使用形式化的说教，这样反而会使学生产生厌学心理。要保证学生的自主发现，就必须在教学方法的选择和实施上认真考虑。

其次，创设真实的体验情境。教师应当让学生在获得相应的化学学习情感体验的同时，体会到具有这些品质的意义，所以教师不但要为学生提供真实的情感养成情境，还要为学生提供相应的应用情境，促进情感的内化。

最后，提供有效的言语指导。"有效"包括"促进性"和"实效性"两个层面的意思。所谓"促进性"就是教师的指导是为了使学生更好地发展，所以教师应当考虑学生的自身情况，实现有效的换位思考，为学生的发展提供帮助。"实效性"就是教师应当注重言语指导的时机，不是在任何时间都要提供指导，也不是说指导等同于讲授，"有效的指导不意味着让学生马上理解"，有效的言语指导的真正意义是起到"引导"与"激发"的作用，使学生有效地完成探究过程，但应当注意"有效"不意味着"顺利"。

（二）设计开放性问题，展开自主探索

开放性问题设计不是一元性的，而是要学生与教师共同参与的，教师编制出开放性问题并将其呈现给学生时，学生要对其进行自主探索，并可以修正、改进开放性问题的内容，做到一种双向性的交流互动。教师所提供的开放性问题可以让学生主动探索，积极思考，促进知识的建构，培养学生的探究批判能力。教师则利用多媒体为学生提供内容丰富、信息量大、具有交互功能的学习资料。教师要在情境中培养学生的思维力，使学生可以更有效地投入后续的合作探究之中。教师在设计开放性问题时应遵循以下四个

基本原则：

1. 开放性原则

该原则有利于扩展学生的思维空间，让学生探索创新，提高学生的创造能力，培养学生的创新意识和能力。该原则要求开放性问题应根据教材和学生基础知识设计，注意避免主观主义和人云亦云。

2. 灵活性原则

该原则有利于学生的思维呈现"活化"状态，促进学生思维灵活性、敏捷性的形成。该原则要求设计开放性问题时形式要灵活多样、生动活泼、不拘一格。

3. 层次性原则

该原则将帮助学生进行更深入的思考，在现实中运用所学知识并不断地扩大使用范围，增强学生思维的深刻性。该原则要求设计开放性问题时应讲究梯度，应根据学生的认知规律及思维特点，由浅入深，拾级而上，螺旋上升，层层开放。

4. 实用性原则

该原则有利于调动学生分析、研究、解决问题的兴趣，有利于使学生体会到知识的实用价值，体验到化学知识来源于生活，又服务于生活，从而促使学生自觉用化学眼光去观察、分析生活实际问题，提高解决实际问题的能力，避免学习和运用知识的脱节。该原则要求开放性问题的设计应紧密联系生活实际，多面向生活。

（三）合作交流讨论，建构新知结构

开放式教学不但要有开放的教育模式，还要培养具有开放性的个体，培养学生交往的技能及合作的态度。在分享中的彼此激励能帮助学生有效地看见自己与其他人的差异性，主动建构自己的知识体系。与个体单独活动及集体活动相比，合作交流对实现学生主动建构知识体系的目标具有独特的作用。开放式课堂教学中小组活动的形式，可以为学生提供更广阔多元的开放思路，整个学习过程都可以在小组活动中进行，从合作协商、修正开放性问题，到分工合作、分析讨论问题，再到交流研讨，广泛讨论不同思路、想法得出的结论，共同行动拓展实践意义，最后组内反思评价整合差异。

（四）反馈调节巩固，强化运用变式

反馈是课堂教学的一个重要环节，是实现课堂有效控制的主要手段，是学生深化、巩固所学知识的一个过程，也是教师了解学生掌握知识、发展思维、强化能力程度的一个重要手段，主要以课堂练习的形式呈现。课堂练习应当采取分层次进行的原则，但是课堂教学时间有限，课堂练习的层次不能过多，分为三个层次比较合适：A级题针对学优生设计，属于发展性试题；B级题针对中层学生设计，属于难点性试题；C级题针对学困生设计，是保证巩固课堂所学知识的最基础的习题。针对不同层次的学生开展针对性练习时，一方面，要在保证基础知识练习的同时，为学生预留一定的发展空间；另一方面，教师要注意化学习题"变式"的应用，提供概念变式、原理变式，加强反馈练习的多元性，使学生能准确地掌握知识，能更加灵活地运用所学习的知识。

（五）多维深化拓展，评价作业反思

在此环节，学生要反思自己的思维过程，总结规律，提取学习的方法。另外，学生可通过对开放式练习题的讨论实现多维拓展创新，也可以通过"自编题"实现拓展创新。"自编题"是学生在对知识、问题有较深的理解的基础上完成的，它需要学生综合各方面的知识进行创造性的思考，它是使学生的主观能动性得以充分发挥的有效措施，也是丰富课堂内容的有效方法。

第五章 高中化学支架式教学模式探究

第一节 支架式教学模式概述

一、相关核心概念的界定

（一）支架

支架式教学中的"支架"一词最初来源于建筑领域的"脚手架"，脚手架并不是建筑的组成部分，只是建造建筑时的辅助工具，在大楼竣工之际便被撤去。实际上，在教育领域，因学生在学习过程中需获得教师或同伴的帮助，"支架"逐渐被广泛运用，"支架"是指帮助学生的教师、同伴，或比自己更强的人，后发展成可以给学生帮助的一切人、物、事。

（二）支架式教学

苏联心理学家维果茨基以最近发展区理论为基础，开展支架式教学研究，认为学生发展水平有现有发展区、最近发展区与潜在发展区三个不同层次。在现有发展区的基础上，为更好地激发学生潜在发展水平，可在最近发展区实施支架式教学。在支架教学过程中找准学生的"最近发展区"，及时搭建合适的支架，可以引导学生实现从原有学习水平跨越到所需的目标水平。支架式教学要为学生提供有价值的概念框架，在学生需要进一步探究问题的时候，该框架能够给予学生启发，帮助学生跨越知识障碍、进一步完成知识的建构。简而言之，支架式教学要求教师准确把握学生的最近发展区水平，基于该水平为学生搭建具体的、科学的、具有启发性的支架，帮助学生立足已有知识水平，跨越潜在发展区，达到更高的发展水平。在实施支架式教学的过程中，教师起到了重要的引导作用。在为学生搭建支架的过程中，教师要遵循教育规律。支架式教学中的"支架"要与建筑中的"脚手架"区分开来，学习支架是动态的、发展的，随学生最近发展区的变化、课堂实际情况的变化而做出相应的调整，以便达到最好的教学效果。

总的来说，支架式教学即在学生现有发展区和潜在发展区之间的最近发展区利用支架展开教学。教师搭建支架时要对繁杂的学习任务予以分解加工，再引导学生一步步深入，最后达成预设的目标。实践证明，在学生进行探究性学习时为其搭建学习支架是一项行之有效的策略，这有利于课堂以学生为中心，促进学生科学思维的形成和探究学习能力的提升。

（三）教学模式

教学模式是在一定教学理念的指导下建立起来的较为稳定的教学程序，为广大教育者提供一定的操作指导，也为学习者提供了高效的学习结构。教学模式最早可追溯到古代的官学、私学体制，其形式多样、标准各异。近代学校教育的兴起、班级授课制度的广泛实行，为教学模式的发展提供了有利条件。有关教学模式的分类，从具体的教学实践出发，大致可分为传递-接受式教学、自学-辅导式教学、抛锚式教学、探究式教学等。可见，从单一教学模式的应用到如今多样化教学模式的发展，教学模式日益现代化、科学化。

支架式教学模式为教师进行教学实践提供了程序指导，为师生活动提供了活动建议。支架式教学模式并不是单一、刻板的教学模式，而是强调理论与实际相结合，为学生提供具体可行的活动探究、小组合作学习等学习形式，让学生成为课堂的主体，而教师搭建支架的最终目的是促进学生的全面发展。支架式教学模式的各个环节坚持"以生为本"，重视学生的课堂参与，具有广阔的发展前景。

支架式教学模式跳出单调的讲授式教学，注重课堂探究活动、学生小组合作等新形式的开展，帮助学生自主建构知识，使课堂从"教"为主体转变成"学"为主体。由此可见，支架式教学模式与时俱进，具有强大的生命力。

二、"支架"的分类

教学内容和教学方式不同，教学活动中适合学生学习的支架也不同，可将"支架"分为几种类型，具体见表 5-1。

表 5-1 支架的类型

支架类型	支架含义
问题支架	通过提问，引发学生思考，引出要学的知识
情境支架	创设教学情境，激发学生的学习欲望，引起求知欲
实验支架	通过探究性的实验培养学生科学的思维和方法，促使学生得出正确的结论
范例支架	提供典型例子，达到知识迁移应用的效果
工具支架	借助多媒体或其他辅助工具进行教学
图表支架	利用各种图片或表格建构知识
元认知支架	利用简单的提问、设问帮助学生反思学习效果
建议支架	在学生学习探究遇到困难时给予学生适当的建议，帮助其学习
资料支架	查阅教材和课外资料了解所学知识

（一）问题支架

问题支架是一种最常用、最广泛、最高效的支架类型。问题支架是指教师以学生的最近发展区为参照，提出多个系统的问题，让学生产生认知层面的未知冲突。经验丰富的教师一般能以多种角度的问题和多个层次的知识点为基础来搭建此类学习支架，证明问题支架具有易于操作与实际可行的特点。教师提问后，要让学生进行自主思考和小组交流，充分尊重每一位学生的发言与意见，并对学生的回答进行客观性评价。例如，在学习"化学反应的速率"时，向学生展示腐烂的食物、溶洞、变质的牛奶、爆炸等相关图片，提问学生这些现象形成时间的快慢，学生小组讨论思考后得出化学反应快慢的结论，引导学生探究影响化学反应速率的因素，并在探究过程中提出问题，比如，影响化学反应速率的因素是什么？这些因素又是如何影响化学反应速率快慢的？以系列问题为导向进行支架式教学，这种由浅及深的问题设计可以引导学生找准探索方向，更好地掌握"化学反应的速率"这节课的重难点。这类支架可以帮助学生积极思考、勇于发言，教师也可以从学生的表达中了解学生基础知识的掌握情况。

（二）情境支架

情境支架是教师在授课时创建的教学背景，可以引起学生对知识的渴望，帮助学生减少新知识带来的陌生感，消除对学习的恐惧。需要注意的是，情境应贯穿课堂始终，而不是将学生引入课堂后就草草结束。例如，在学习"物质的量"这一节内容时，教师创设生活中的常见情境，与学生互动交流，适当提问："水分子是由什么组成的？"适当的教学情境可以使学生产生学习的兴趣，让学生主动进入"物质的量"这一课题的学习中来。化学学科知识与生活的联系较为紧密，在生活的各个方面都有所体现，这为化学教师搭建情境支架提供了良好的环境。

（三）实验支架

实验探究是获取科学知识的重要手段，化学是一门实验操作性较强的学科，实验支架是常用的教学手段。实验能够直观地呈现出化学学科的神奇魅力，让学生看到物质变化引起的各种现象。学生进行实验探究，不仅能锻炼操作能力，而且能学习严谨务实、精益求精、敢于创新的科学精神。实验支架可以对学生多方面的能力进行锻炼，包括科学思维能力、实验探究能力、小组合作和沟通交流能力等。

（四）范例支架

教师把某些符合学习目标的成果或研究呈现给学生，这些成果就是范例，包括特定学习目标中的步骤和成果。通过学习范例，学生获得参考、借鉴与启示。

（五）工具支架

教师为了促进教与学活动的正常开展、帮助学生完成知识的建构，在教学时常借助一些资料、平台，这些都可以称作工具支架。例如，将多媒体技术和某些模拟仿真实验相结合，能帮助学生理解一些无法在课堂上展示的实验，此项多媒体技术则属于工具支架。以探究原电池的工作原理为例，教师可通过搭建工具支架，适当地利用多媒体技术向学生展示原电池中离子和电子的移动，帮助学生更好地理解原电池工作原理。

（六）图表支架

图表支架可以将化学里的基本概念、科学定律等之间的关系更为系统直观地表现出来，清晰地概括描述复杂抽象的知识脉络，该支架提供的图表有利于学生学习、分析、理解较复杂的知识，从而进行知识的概括总结。例如，在学习氧化还原反应相关知识时，教师可通过概念关系图将氧化还原反应和其他四种基本化学反应之间的关系表现出来，有利于学生将各部分知识联系起来。

（七）元认知支架

在教学过程中搭建元认知支架可以为学生提供认知策略的指导，引导学生进行批判性思考和反思，该支架对学生自我认知具有重要作用。课堂学习结束后，学生评价自己的学习效果并进行自我反思，但学生进行评价与反思时往往缺少方向，元知识支架可以为学生提供准确的反思导向。

（八）建议支架

建议支架适合出现在学生独立探索的困难期和高原期，教师通过适时提供启发性的建议，帮助学生开发新思路、找到新办法。该支架的可取之处在于，它具有灵活性，能根据学生的具体情况提出可行性建议。例如，在学习原电池部分的"盐桥"相关知识时，教师可以引导学生联系此前学过的"阴阳离子交换膜"的知识点，帮助学生理解。

（九）资料支架

支架式教学坚持以人为本，主张学生自主建构知识。资料支架的设置较简单，教师可通过丰富多样的课内外资料指导学生探索并解决问题。比如，在学生自主探究影响化学反应速率的因素时，教师应适时给学生提供课外资料、教科书中的资料卡片等，使其了解可能影响化学反应速率的因素，设计相应的实验，并进行实验探究，最终得出结论。

三、支架式教学的理论基础

（一）认知主义学习理论

认知主义聚焦个体思维能力的发展，着重探究学习者对外在刺激的内部加工过程和机制，与行为主义形成鲜明对比。以下三种学说有利于我们理解支架式教学模式在实际教学中的应用：

1.皮亚杰的认知结构理论

皮亚杰的认知结构理论主要以儿童认知发展规律来区分心理发展阶段，认为认知结构是通过图式、同化、顺应和平衡的形式表现出来的。传统的化学课堂中，学生往往处于被动地位，而支架式教学模式的实施使学生处于课堂主体地位，学生的学习主动性得到了提高。学生将新知识整合到自身原有认知结构中并使其成为自身认知结构的组成部分，即为同化。例如，在探究物质的导电性实验中，学生可以将氯化钠的电离方程式书写与之前学习的化学方程式书写知识结合起来。顺应是当学生不能适应特定刺激情境时，就会修改或重建自己的内部结构以适应外部环境。如教师提供一定的工具支架，播放氯化钠固体在水溶液中的微观溶解视频，展示熔融的氯化钠的微观离子示意图，改变学生原有的对氯化钠的概念，带领学生从微观角度探究物质导电性的原因。学生通过同化和顺应逐步建构自己的认知结构，并在"平衡的建立—破坏—建立"中不断完善。

2.布鲁纳的认知-发现说

布鲁纳认为学习不仅是学生对感性认识的选择、转化、存储和应用，而且是主动学习、适应外部环境的过程，学习的实质就是通过发现不断更新认知结构。认知-发现说主张教师不能进行"灌输式"教育，而要提供材料、建议、资料、实验器材等，引导学生主动思考、发现知识，这有利于学生更好地理解知识原理，将理论应用于实践中，培养学生的探究性思维和解决问题的能力。按布鲁纳的认知-发现说，教学可分为几大步骤：

①根据具体情况，创设发现型情境，给学生提供合适的可探究材料。

②指导学生进行独立探究或小组协作学习，提高学生解决实际问题的能力。

③师生通过各种方式进行交流，可以是师生互动，也可以是小组交流，从而得出学习结论。

④实际运用是学生学习知识的最终目的，所以最后要求学生能在具体实践中运用知

识。例如，在学习"影响化学反应速率的因素"的过程中，引导学生对影响化学反应速率的因素开展实验探究，教师通过搭建实验支架、建议支架、工具支架等，帮助学生在实验中探究、总结化学知识。

认知-发现说强调学生的自主探究，对学生的要求较高，不适用于学习能力水平太低的学生。要求过高的学习任务容易打击学生的学习积极性，不利于教学计划的实施。教师设计高中化学课堂支架式教学时，要充分考虑学生已有的认知水平，适时地给予学生正确的引导，例如在"乙醇"的教学中，教师要针对乙醇的燃烧、催化、氧化实验中学生遇到的困难及时提供建议支架，鼓励学生自主探究知识，从而推进课堂进程。

3.加涅的信息加工论

加涅指出，学习是对信息进行加工的过程，学生在学习过程中从接受刺激到外在表现，其中的内在心理活动是进行信息处理的过程。对学生来说，各级知识体系是丰富而复杂的，学习是一个连续的过程。加涅认为学习效果的产生需要两大类条件，即内部条件与外部条件。

（1）内部条件

第一，学生对学习的期待，指学生在新知识面前的注意力。

第二，学生已经具备的与新知识有关的原有知识和能力，这包括对新知识学习起到促进或抑制作用的原知识。

第三，学生在学习新知识过程中对自身知识体系的运用能力。

（2）外部条件

外部条件主要是指不受学生控制的学习环境，如学生所在的学校教具设施、社会教育风气等。

加涅的信息加工论启示教师在设计支架时，需要充分考虑学生的"内部条件"，即学生自身的知识、技能水平，同时根据水平的不同选取难度适宜的概念框架作为教学目标，再通过"外部条件"，即支架的刺激，使学生将外部条件也内化为内部的知识和技能，最终实现将已获得知识迁移应用的目的。例如，在学完"电解质的概念"后，教师可以让学生画出电解质相关概念的思维导图，推动学生进行知识的精细加工，形成知识的概念框架，并且引导学生完成相关练习，进一步总结知识，达到学以致用的目的。

由于外部条件的改善需要各方力量，因此教师更要注重调整学生的内部条件。教师运用支架式教学时要根据学生个体差异性提供合理的信息量，组织有效的复习，给予学生有效的反馈。

（二）建构主义学习理论

建构主义认为知识是动态发展的，学生通过新旧知识的相互作用，在社会情境中完成对学习的主动建构。支架式教学模式在高中化学课堂的应用研究应主要从以下三方面展开：

首先，建构主义对知识的普遍性、客观性和永恒性提出合理的猜测与怀疑。随着科技的发展、人类认识水平的提高，人们对客观世界会有新的质疑。知识是以具体形式存在于个人身上的，每个人都是独立、独特的个体，对知识的理解各不相同。建构主义下的支架式教学要充分认识到知识的时代性和科学性，教学支架的搭建要体现知识的探究性、可讨论性和充分调动学生的学习积极性，培养学生发现知识、质疑知识、扩展知识的能力。例如，学生在学习"响化学反应速率的因素"时，教师要引导学生阅读资料，主动对影响化学反应速率的因素进行猜想，并对其猜想进行验证研究。在此过程中，学生对化学知识的建构并不是教师强行灌输形成的，而是在对知识的猜想与验证中主动形成的，强调了学生化学知识的动态生成。

其次，建构主义认为学习并不是被动接受的过程，而是在一定的社会环境中主动建构进行的，强调学习的主动建构性、社会互动性和情境性。学习是学生本人对知识进行内化的过程，具有不可替代性。这种学习不是空中楼阁，而是需要立足于社会实践的土壤，具有较强的情境互动性。例如，教师在讲授"电解质的电离"时搭建情境支架，将生活中湿手导电、剧烈运动后补充电解质水的生活现象导入课堂，在交流与讨论中引起学生对"电解质的电离"这一化学内容的学习兴趣。在支架式教学模式下的高中化学课堂中注重化学与生活的联系，可以培养学生的科学思维和解决问题的能力。

最后，建构主义指出教学生长点在学生已有的知识能力及发展水平上。教师应关注学生的发展水平，给予学生适当的建议，鼓励学生相互间的交流，帮助学生主动建构知识，在教学中始终坚持学生的主体地位，注重情境教学、小组协作，使每一位同学都有良好的学习体验。

（三）最近发展区理论

苏联心理学家维果茨基提出了最近发展区理论，认为处于学龄期的青少年要立足已有的知识经验，力求达到最佳学习与发展水平，这两者之间存在的可跨越发展空间即为最近发展区。维果茨基强调，学生具有两种发展水平：一种是学生现有的发展水平，即学生已形成的学习水平，学生自主完成学习任务时体现出的独立解决问题的能力是它的主要表现，比如学生对某个含义或理论能够全方位理解并能融会运用；另一种是学生潜在的发展水平，表现为学生学习后能够提高自己的学习能力。最近发展区就是这两种水平之间的差距。

基于维果茨基的最近发展区理论，教师可以依托课堂教学活动，借助恰当的教学方法、手段等，为学生提供适合其最近发展区的支架，帮助学生跨过最近发展区这一距离，达到更高的学习水平。教师的帮助或者其他不同形式的外界帮助都应遵守一个原则，即提供的帮助要处在学生已有知识水平和潜在水平之间，也就是所说的最近发展区内。

在支架式教学中，教师帮助的形式是多种多样的。例如，情境导入、师生启发性问答、概括性总结、有效的课后督促等。例如，在"乙醇"的教学中，教师以常见的酒进行情境导入，基于学生对乙醇的生活性认识，再结合查阅的资料引导学生对乙醇的物理性质进行归纳总结。在以核心素养为目标的新课程改革的大背景之下，教师对学生更多的是起到引导作用，面对全体学生搭建恰当的支架，可以帮助学生完成对新知识的自主建构，促进学生的全面发展。

（三）SOLO 分类评价理论

1. SOLO 分类评价理论的概念

SOLO 分类评价理论是在皮亚杰的认知结构理论基础上发展而成的，对学生的学习结果进行等级描述的一种学生学业评价方法。"SOLO"是英文"Structure of the Observed Learning Outcome"的缩写，意为"可观察的学习结果的结构"。该理论将评价由低到高分为五个层次，根据学生的回答将其分类并进行思维评价。

2. SOLO 分类评价的具体层次分布

（1）前结构层次

这一水平层次的学生理解能力差、不能将知识内化于心。该水平层次的学生在回答问题时只能给出简单的答案，甚至回答得混乱，没有可靠的理论依据。

（2）单点结构层次

这一水平层次的学生具有一定的思考能力，可以理解题目的含义和目的，并提出自己的想法。但是该水平层次的学生还没有形成科学思维，知识体系薄弱，往往只能提出单一的解题思路。

（3）多点结构层次

这一水平层次的学生具有多样的思维、丰富的理论知识，在解题时，能够找到相应知识点，提出多个解题思路。但是该水平层次的学生不能将问题中的各个要点有效地结合起来，知识结构虽初步形成，但散乱无逻辑。

（4）关联结构层次

这一水平层次的学生可以将问题中的多个要点结合起来思考，在解题时，可以提出多个解题思路，而且回答得合理、条理清楚。

（5）抽象结构层次

这一水平层次的学生具有较强的科学思维能力，逻辑能力较强。学生可以从题目中进行抽象的知识点概括，分析问题更具深度与广度，回答时更具概括性，能够跳出框架，探究问题背后的拓展意义。

3.SOLO分类评价的应用

《化学课程标准》着重强调培养学生的学科核心素养，着眼于学生的全面发展。SOLO分类评价着重于学生学习能力的提升，将学生的科学思维与发展能力作为评价的主要依据，符合核心素养培养目标的需求。因此，将SOLO分类评价应用于高中化学实际教学评价当中，对学生思维能力等进行评价，并且及时分析学生学习过程中存在的问题，有利于教师掌握学生的实际思维能力，在此基础上进行更适合学生的教学，有利于教师找准学生的"最近发展区"，搭建适合学生发展的支架，帮助学生更好地学习。

第二节 高中化学支架式教学模式的基本环节与实施原则

一、高中化学支架式教学模式的基本环节

高中化学支架式教学模式主要分为五个基本环节，分别是创设情境、搭建支架、独立探索、协作学习和效果评价。

（一）创设情境

教师创设情境时应重视学生的情感体验，努力为学生创设合适的情境。创设的情境要能够激发学生的学习兴趣，使学生更好更快地进入课堂、参与课堂。合适的教学情境有助于课堂教学活动的展开，形成良好的课堂教学氛围。教师在教学中可以通过情境故事、多媒体影像展示、问题启发等方式创设情境。在情境内容的选择上，应以学生的具体学情为基础，选择大多数学生了解、熟悉的情境内容，贴近生产生活、具有时代性。创设恰当的教学情境对学生具有重要的作用，优秀的教学情境导入可以很好地激发学生对课堂内容的好奇心，强化学生学习的探究性和创造性，发展学生的思维，陶冶学生的情操，渗透教学过程中的教育性和实践性。例如，学习"乙醇与乙酸"这节内容时，教师可以通过向学生展示生活中与酒相关的图片、厨房常用调味品食醋等生活常见物品激发学生的学习兴趣，引导学生探究乙醇和乙酸的化学性质，从而使学生对生活中常见的物品有一个全新的认识。

（二）搭建支架

支架的搭建直接影响支架式教学模式在课堂中的顺利推行，因为支架是整个教学过程中最为重要的元素。学生通过合适的情境进入课堂后，教师需要实时关注学生的状况，充分结合大多数学生的实际发展水平，找准学生的最近发展区。立足此基础，教师搭建符合学生实际情况并具有启发性的学习支架来引导学生主动学习，完成对知识的建构，并且升华知识，从而进一步增强学生的学习动机。在支架式教学模式中，支架的类型丰富多样，其中最为常见的有图表支架、问题支架、实验支架等。教师是灵活搭建支架、撤去支架的最佳人选，如为学生提供范例、示范解决问题的方法、提出启发性建议等，逐步引导学生主动探究、积极学习。在整个支架式教学过程中，不仅知识是发展的，而且支架也是动态变化着的。对支架的要求主要有两方面：一方面，教师搭建支架时要关注学生的学习兴趣，帮助学生完成对基本知识的学习掌握；另一方面，支架要有发展性，教师要在学生学习过程中适当给予帮助，使得学生向更高水平发展。例如，在学习"电解质的电离"时，为了引起学生对本节课的学习兴趣，教师可以设立情境支架，在课堂教学开始前通过课件展示生活中的触电现象，并向学生提问为什么湿手或手上有汗时触摸电器容易导致触电事故。教师通过相关生活情境，引导学生主动探究相关原理、学习真知，并在学生解决问题的能力不断提高的基础上，逐渐撤离支架，所以支架也是动态的。

（三）独立探索

在学生进行学习探索前，教师应适当给予学生思路启发，使学生顺利进入自主探究环节，教师适当的提示或启发应略高于学生自身的认知水平，并搭建系统的支架，使学生的认知逐步攀升。在学生自主探究环节中，教师应注重培养学生的自主学习探究的能力，尽可能地减少外部帮助，必要时给予学生正确的引导，以达到培养学生独立自主学习能力的目的。

教学的目的是让学生具备"学会学习"的能力，这就要求教师适当放手，始终相信学生，支持学生独立自主地探索和思考。独立探索的学习不是立竿见影的，往往需要教师的耐心引导。探索初期，教师提供的支架要细致、全面，以降低独立探索的难度，给予学生信心。例如，在学习"化学反应速率与限度"的过程中，在探究影响化学反应速率的因素时，教师应该引导学生查阅书籍资料，大胆提出猜想，进行实验探究，让学生在探究过程中学到知识。此外，教师应注重对学生科学思维的培养，伴随学生独立探索能力的提高，逐渐减少外部引导，让学生主动进行知识建构。

（四）协作学习

协作学习不仅能让学生互相取长补短，共同进步，还是信息时代对个人能力的基本要求。学生完成独立探索后，应该就探索内容展开协作学习、小组讨论。协作学习可以多种方式展开，如先在组内进行内部交流讨论，然后多个小组之间取长补短。协作学习的目的不是形成团队壁垒，而是鼓励头脑风暴、鼓励不同思维间的碰撞交流，如此才能产生新思维。协作讨论的结果必然是多样化的，可能达到一致，又或是各执己见。协作学习的优势在于，学生通过交流合作可以了解彼此独到的见解，从而对自身的知识体系查漏补缺，这个环节有利于学生学习知识的迁移、锻炼学生交流合作的学习能力。同时，学生在协作学习中可以再次反思自己独立探索的过程，完善自己的思路，达到对知识的合理建构。

学生具有个体差异性，由于学生在能力、思考方式等方面存在差距，所以教师在协作学习中需要注意对小组的把控。教师在学生组建小组时，应给予学生合理的建议，充分考虑小组内的协作分工，按照同质分组，组内合理分工的原则搭配组合。学生通过协作学习共享小组智慧成果，能够较为全面系统地领悟当前所学知识，自主地对新知识进行意义建构。

（五）效果评价

效果评价旨在对教学过程中的教学效果和学习效果进行有效的评价，可以帮助学生巩固知识经验、摒弃错误的学习方法，同时也可以促进教师专业能力的提升。在协作学习环节结束后，便可对得到的学习结论进行效果评价。首先是教师对小组的讨论结果进行提问检查，其次是小组内部或小组之间互评，最后是学生自评和教师对的教学评价。学生的自评有对新知识的意义建构程度、小组合作时的贡献等几方面的内容。教师主要通过相关的测验对学生进行定量评价，使用档案袋等评价方式长期跟踪学生的学习情况并对其进行定性评价。

积极的效果评价是促进教学的有效方法，自评与他评有不同的评价主体，教师要合理看待评价结果。教师不仅仅要关注学习结果，更要以学生的个人成长与学生学习过程为重，做到充分信任、及时鼓励、适时指导，努力发现每个学生的闪光点。

二、高中化学支架式教学模式的实施原则

支架式教学模式是教师合理搭建、更换、撤去学习支架，以便引导学生更好地理解、内化、应用科学文化知识的教学过程，在这个过程里，教师逐步撤去支架以培养学生的认知能力和解决问题能力，达到学生对知识的自主建构。高中化学课堂实施支架式教学模式，应遵循五大基本原则，具体如下：

（一）以学生为中心原则

在教学过程中坚持以学生为中心和以教师为中心将有两种截然不同的课堂，支架式教学模式坚持面向全体学生，坚持以学生为中心教学。

首先，教师应树立先进的教学观念，明确教学的目的是教会学生学习，坚持教学设计的出发点要充分联系学生实际情况，不要脱离学生实际进行盲目教学。具体表现为以学生已有的知识基础、学习能力、学习习惯、生活经验等为依据，搭建合适的学习支架、确定教学重难点、找到合适的教学起点等。

其次，支架式教学模式，致力于将课堂还给学生，要求教师做到真正放手、充分信任学生。在高中化学课堂中应用支架式教学模式，尤其要重视化学实验探究环节的应用。该环节要贴近学生的学习、思维、能力，教师要起到引导探究、提示方法、训练思维的

作用，学生只有真正参与到科学实验当中才能提高自主学习能力和自主创新能力。

最后，以学生为中心原则最明显的表现在于全体学生的课堂参与率。教师是学生成长路上最好的示范者，应起到正面表率的作用，主要表现为积极向上的教学热情、关心爱护学生的态度，学生受到感染、端正学习态度，主动走进、参与到课堂中来，从而达到提高学生学习积极性的效果。

（二）情境化原则

支架式教学模式的首要环节就是创设情境，教师应始终注意在教学设计中体现这一原则，给学生创设一个轻松、活泼的学习氛围。情境化教学能够帮助教师更好地激发学生的学习兴趣，使学生可以主动参与、积极探索。教师在进行教学时，创设出与所学化学知识息息相关的、生动形象的、丰富多彩的情境，能以最短的时间激发学生学习的积极性与探索求知的欲望，推动课堂教学的有序开展。遵循情境化原则，坚持理论联系实际，可以让学生在课堂和生活的联系中获得新知识，使学生体会到化学的奥妙，进一步激发学生学习化学的主动性。

（三）以问题为中心原则

问题是支架式教学模式中的关键因素，有意义的问题可以促使学生更好地思考、反思和提高。学习是长期动态发展的过程，学生学习活动的开展往往始于不断产生的疑问。高中化学支架式教学模式中的教学设计要体现问题意识，教师应创设有意义的问题，促使学生思考，并使学生在思考中发现和创新。高中化学的知识框架和学生的身心发展规律要求教师搭建教学支架时要注重关键问题的策略设计，教师要立足学生的最近发展区，遵循由浅到深的原则，设置可探究、具有启发性的问题，逐步深入课堂。根据问题分层设立支架，以便学生沿着教师提供的支架逐步攀升，最终得出更高层次的学习结论，建构比较完整的知识框架。

（四）有效性原则

有效性原则强调支架式教学设计要建立在学生现有认知水平的基础上，帮助学生跨越最近发展区，最终完成学习任务。教学以让学生获得科学文化知识、培养学生的创新精神和独立探究能力为主要目的。

在教学过程中，教师需要在全面把握任教班级学生情况的基础之上，充分考虑支架的类型，掌握设置和撤销支架的时机、支架与支架之间的衔接等，避免赘搭、漏搭、错搭和虚搭。此外，教师还要准备一些备用支架来帮助学生获得知识，有些支架需要能够伸缩，以适应不同层次学生的需求。在整个支架式教学模式中，要减少无意义的教学环节，如抄写、默写化学符号、公式等机械性任务等。根据学习的深入程度，教师要及时更换支架，结合学生最新情况搭建新的支架，使学生完成难度更高的学习任务。

（五）及时评价原则

支架式教学模式认为学生的最近发展区具有可变性的特点，伴随学习的深入、生活经验的增加和问题解决能力的提升，最近发展区的范围也会发生变化。在此基础上，支架也是动态的、发展的。在现实教学中，每一堂课都可能发生突发状况，与教学设计发生些许偏差。教师不仅需要在课后及时做出评价和诊断，也需要在课堂中进行及时评价与反思。教师在课堂中应实时监控学生的学习状态等，及时反思支架设置的合理性，并在教学中根据具体情况及时调整。

第六章 高中化学 PBL 教学模式探究

现代教育注重培养学生的问题意识、创新能力、自主学习能力、终身学习能力和交往合作能力。因此，教师不能简单地以知识传授为教学目的，而应以激发学生的问题意识，形成对问题的独立见解为教学目的，同时在课堂教学过程中注重发挥学生的主体性，培养学生的自学能力，使学生学会与他人进行交流、合作，主动、积极地进行学习。

为了顺应教育的发展需求，同时也为了克服传统课堂教学的弊端，需要建立一种新型的、可行的教学模式，而基于问题的教学（Problem-Based Learning，PBL）模式正是从学生角度出发设计的一种能克服传统课堂教学模式弊端的教学模式。在教学中应用 PBL 模式，让学生通过解决一系列问题来进行创造性学习，有利于学生主体性、创造性的发挥，有利于学生创新能力、自主学习能力及合作学习能力的提高，有利于学生综合素质的全面发展。

第一节 PBL 教学模式概述

一、PBL 教学模式的含义

对于 PBL 的含义，不同的学者有不同的看法，目前仍存在分歧。有学者认为 PBL 是一种教学策略；有学者认为 PBL 是一种以问题驱动的学习环境；有学者认为 PBL 是一种课程，也是一个过程；还有学者认为 PBL 是一种利用真实或接近真实的情境或案例，让学生参与学习的方法。

由此可见，对于什么是 PBL，学界尚未达成共识。但从内容、学习过程的控制特征来看，学者们对 PBL 的认识具有一定的共性。笔者认为，PBL 教学模式是一种把学习置于复杂的、有意义的、真实的问题情境中，通过让学生合作解决真实的问题，学习隐含于问题背后的科学知识，形成解决问题的技能，并发展自主学习能力的新教学模式。这种教学模式有利于激发学生的学习兴趣，强化学生的学习动机，使知识情境化，让学生学会自主学习、合作学习，学会解决问题。

二、PBL 教学模式的基本要素

对于 PBL 模式的基本要素，国内外研究者从不同的角度进行了分析。综合各种看法，笔者将 PBL 的基本要素简单地概括为问题情境、学生和教师。课程围绕问题情境组织、展开，学生是致力于解决问题的人，而教师扮演的是学生解决问题时的工作伙伴和学生解决问题过程中的指导者。化学与生活息息相关，生活处处皆化学，很多生活素材都可以用于创设具有一定意义的问题情境。情境中的问题大多是劣构的，结构不明确，没有简单、唯一、模式化的解决策略和答案，具有开放性。当学生处于这种情境中时，往往能从多角度看待事物，有较大的探索欲望和学习兴趣，能够积极寻求解决问题的方法。在这一过程中，学生往往能提高自主学习的能力。

三、PBL 教学模式的特征与优势

PBL 教学模式是让学生在真实的问题情境中学习，把所学的知识、技能与生产生活实践相联系，从而解决一些劣构问题的教学模式，有独特、优良的教学价值。PBL 教学模式的特征与优势见表 6-1。

表 6-1 PBL 教学模式的特征与优势

特征	优势
①是一种以学生为中心、学习小组为单位的教学模式； ②教师是组织者、合作者、引导者； ③创设开放性的教学环境； ④把问题作为教学的组织中心、学习的驱动力及学生能力发展的手段； ⑤问题是真实的、结构不良的、开放的、有意义的； ⑥学生在问题解决的过程中获得新的知识、发展能力； ⑦注重过程，以及真实的、基于绩效的评价。	①强调有意义学习，而不是对事实的简单记忆； ②问题驱动知识和能力的运用，促进学生更深入地了解知识、更好地发展能力； ③通过解决问题增强学生的自主学习意识； ④小组合作学习，充分体现学生的人际交往能力和团队协作能力； ⑤开放的学习环境有利于学生形成自发的学习态度； ⑥师生间、生生间的关系更融洽； ⑦可以提高学生学习水平。

四、PBL 教学模式与传统教学模式的比较

PBL 教学模式综合了发现学习、协作学习、自主学习、范例学习等多种学习方式的特点，与传统的教学模式相比，在教师、学生、教学策略、媒体、评价方式、学习环境等教学要素上都发生了较大的变化，如表 6-2 所示。

表 6-2 PBL 教学模式与传统教学模式的比较

教学要素	PBL 教学模式	传统教学模式
教师	①教学中的引导者、合作者、组织者； ②教师间相互支持、合作； ③以指导学生获取解决问题的策略、方法为主。	①教学中的权威、主导者； ②教师独立工作； ③主要向学生教授已有的知识经验。
学生	①主动、积极参与学习过程； ②以学习共同体形式开展协作学习；	①被动学习，成为装载信息的"容器"； ②各自学习，相互竞争；

续表

教学要素	PBL 教学模式	传统教学模式
学生	③强调知识的意义建构,以及各种能力的培养。	③主要记忆已有的经验知识。
教学策略	①个体与其他同学、教师建立合作关系,小组协作学习,共同解决问题; ②学生在特定情境下自主收集信息,获取并应用知识; ③教师在教学中为引导者。	一般以单一的形式传递信息给全体学生。
媒体	主要作为学生获取信息、处理信息和解决问题的认知工具。	主要为教师向学生传授知识服务。
评价方式	①不仅有考试评价,还有多种灵活的评价方式; ②综合运用自我评价、教师评价和同伴评价。	①以完成特定的学习任务来评定学生成绩; ②评价主体单一,教师是唯一的评价者,且按成绩把学生分成不同的等级。
学习环境	学生在一种相互合作、支持的环境中学习。	学习是以个人为中心的,是相互竞争的。

第二节 高中化学教学应用 PBL 教学模式的优点及原则

一、高中化学教学中应用 PBL 教学模式的优点

(一) PBL 教学模式体现高中化学教学目标

仔细分析《化学课程标准》可以发现,课程改革的目的是迎合时代发展的需要,培养高素质的人才。高中化学课程改革的目标更加全面,不仅仅停留在学生掌握知识与技能的层面上,更注重学生学习化学的兴趣,重视学生科学素养、正确价值观及实践能力

的培养。新课程标准的教学目标具有发展性，关注学生的未来发展，强调学生自主学习、合作学习、终身学习的意识与能力的培养。

PBL 教学模式强调以学生为中心，通过创设具有开放性的学习环境，让学生充分参与教学活动，不仅能激发学生的学习兴趣，还有利于学生的个性发展。解决问题过程中的相互协作、自主思考，有助于培养学生的情感态度与价值观，促进学生综合能力的提高。PBL 教学模式以问题作为学生学习的驱动力，围绕问题，创设和谐的教学环境，提供更多的、有意义的、适用性强的相关教学资源，使学生参与到有意义的学习中来，有利于提高学生的科学素养。由此可以看出，高中化学教学目标与 PBL 教学模式的目标大体上是一致的，对学生而言，意味着学会求知、学会共同生活、学会做事、学会生存。

（二）PBL 教学模式体现高中化学教学内容的特点

课程改革的一个根本目的就是要解决学校教育与社会生活、生产和科学发现严重脱离的问题，从而提高学生的综合素养。化学是一门应用性很强的学科，和日常生活、工农业生产的联系十分密切，所以从解决实际问题入手组织化学教学是可行的。例如，从日常生活中见到的"钢铁腐蚀及防护问题"及接触到的"溶液"开始，从工业生产中"合成氨的实际转化率和如何提高转化率""金属冶炼"开始，等等，课堂教学需从学生解决这些及其他一些日常生活中遇到的实际问题开始，让学生去发现问题、提出问题、收集信息、设计方案、解决问题并得出结论，教师应及时给予学生适当的方向性指导。高中化学内容涉及很多的概念、原理、规律等，往往因其高度的概括性和抽象性使学生感到枯燥乏味、晦涩难懂，从而难以入手，影响学习情绪。因此，教师可把学生所要学习的知识与他们周围的现实生活联系起来，让学生从中发现问题，最后确定需要解决的问题。为使教材更加生动活泼，高中化学教材中设置了大量的探究课题，强调改变传统教学中学生被动接受知识的状态，鼓励学生主动地探究学习。因此，教学中可以问题为突破口，以学生为主体，让学生收集资料，设计相关的探究实验，有利于知识的迁移与运用，为真正解决教材与实际生活脱节的问题提供具体途径。

（三）PBL 教学模式符合高中生的学习特点

在高中阶段，学生的认知结构基本发展完整，认知能力不断完善，思维能力更加成熟，能脱离外部表现的束缚，通过现象揭露对象的本质特征。考虑问题时能多角度全方面分析，明辨主要问题与次要问题，能考虑到各种不同情况，做到具体问题具体分析。

在高中阶段，学生的抽象思维、逻辑思维和辩证思维快速发展，能力大幅度提高，思维更具目的性和方向性，思维过程更加灵活。学生能用多种法则、公式、原理等去解决新问题，能遵循提出假设、设计实验、验证假设的一般过程解决问题。

高中生的生活经验已较为丰富，生活常识与科学知识逐渐累积，能更深刻地理解事物之间的内在联系，思维具有更强的预见性，知识迁移运用能力增强，能产生更多不同的想法。同时，高中生能够有意识地进行自我反省、自我控制，促进思维活动的正确性、高效性。

高中生思维、认知的特点，自我意识的发展，以及丰富的生活经验，都表明 PBL 教学模式对高中生来说具有巨大的应用空间。

二、高中化学教学中应用 PBL 教学模式的基本原则

（一）主体性原则

PBL 教学模式强调在教学中要充分重视学生的主体地位，从问题的发现到问题的解决，都要求学生主动参与。学生是问题的解决者和意义建构者，教师只是问题解决过程中的引导者和协助者，负责提供学习材料，引导学生学习，监控整个学习过程，使化学教学顺利地进行。要提倡教师与学生之间、学生与学生之间的交流与合作，充分促进学生主体性的发展。

（二）全面发展性原则

化学教学要促进学生的全面发展，化学教师在应用 PBL 教学模式时，要充分重视从学生的角度思考教学问题，关注学生主体性、创造性的全面协调发展，让学生在获取知识与技能的同时提高思维能力，实现自身的全面发展。

（三）情境构建原则

PBL 教学模式是基于真实问题情境的教学，让学生在有意义的、复杂的、真实的情境下学习，同时为他们提供相关的材料，在学习过程中给予及时的指导。问题是学习的开端，所以问题情境的构建对教学的顺利进行及保证教学的有效性起着重要作用。化学与社会生活、生产息息相关，教师应以化学内容及其特点为基础，以生活实践为背景，

创设真实的问题情境,使知识问题化、问题情境化,促使学生提出问题,进而解决问题,深入理解教材。在教学过程中,学生在原有知识经验的基础上不断地将知识与技能、过程与方法、情感态度价值观整合在一起进行自主建构,从而实现各方面素质的协调发展。

(四) 预设性与生成性相融合的原则

在化学教学中运用 PBL 教学模式,要更加注重学生的主体地位,强调教师与学生之间、学生与学生之间的交流与协作,这导致互动的过程中会出现许多无法预料的事情。再好的预设与课堂实施之间也存在着一定的差距,当教学过程中有偶发的事件时,教师应把握课堂教学中的亮点,根据实际情况进行灵活、积极的引导,推动教学的动态生成,使教学更加灵活。因此,要想在高中化学教学中有效地应用 PBL 模式,必须坚持预设性与生成性相融合的原则。

第三节 高中化学 PBL 教学模式的实施

高中化学 PBL 教学模式的实施一般包括下面几个基本流程:

第一,从问题出发。教师根据教学目标、教学内容、学生情况等创设一定的问题情境,学生通过分析问题情境明确所要研究的问题。

第二,确定学习小组。对问题进行深入分析,明确关于问题的相关信息哪些是已知的,哪些是未知的,小组成员共同制订研究计划,并合理安排任务。

第三,学生对所收集的信息进行分析、整理,交换意见,思考并提出解决方法。

第四,总结、反馈,确定及展示成果。评价学习过程及结果,总结所学的知识。

学生是问题的发现者,是知识的建构者,是致力于解决问题的人,教师应避免让学生成为被动消极的接受者。教师是教学过程的组织者、促进者,是学生的指导者、引导者,而不仅仅是知识的传授者。

具体来讲,PBL 教学模式在高中化学教学中的运用可概括如下:

一、创设问题情境，形成主题问题

PBL 教学模式把学生置于有意义的、复杂的情境中，学生是致力于解决问题的人，通过分析问题、解决问题进行一种有针对性和实践性的学习，问题情境是这种学习的组织中心，它激发并维系着学生的兴趣。问题情境在 PBL 教学模式中具有关键意义，良好的问题情境一般应该具备以下特征：

其一，问题情境与实际生活有联系，所涉及的问题在学生认知的最近发展区内，学生针对问题情境，可进一步提出更多明确的问题。

其二，问题情境能激活学生头脑中已有的知识，增强学生头脑里知识的可取性，并推动学生去学习新知识，把所学知识与实际应用联系起来。

其三，提出问题的方式要能引起学生的兴趣和好奇心，如果学生合作解决问题，那么解决问题的效率应该有所提高，而不是降低。

其四，良好的问题情境中的问题应该是劣构的问题。问题应是复杂的，没有一个固定的解决模式，但有多种解决办法，也有多种答案。

基于以上特征，教师创设问题情境时，首先要分析学习内容，了解学生原有的认知水平及生活经验，确定科学、合理的课堂教学目标；其次要对学生的学习环境进行分析，创设真实、有意义的问题情境，形成主题问题，主题问题应该是劣构的而非单一的，能吸引并推动学生持续地研究，明确主题问题的价值所在，及与学科知识的联系，进一步判断该情境是否与教学目标、学生的现状相适应，在当前课堂环境下是否有可能解决这个主题问题，学生在学习中能否获得思维策略、解决问题的策略，对学生以后的实际生活能否起到帮助；最后要根据学习环境的具体条件、学生的认知习惯选择某种恰当的形式来呈现问题。

二、确立需要解决的学习问题

PBL 教学模式常以问题开始，为了细化问题促进解决，笔者将 PBL 教学模式中的问题分为两层：主题问题和学习问题。要避免只是从主题问题中简单地分化出可供学习的子问题，学习问题的确定要考虑多方面的因素。因为某些客观条件的制约，学生并不能完全自主地选择自己的学习问题。但能够保证的是，学生确定的学习问题一定是在考虑本身实际情况的基础上，从有限的子问题中选择出来的。最终确定的学习问题应满足以下三个条件：

其一，基于学生的知识欠缺。

其二，对学生的知识欠缺具有至关重要的作用。

其三，教师在帮助学生发现知识欠缺后，不需要进行及时补充，而是要逐步引导学生独立补充。

学生针对问题情境下的主题问题可以进一步提出一系列的子问题，教师根据这些子问题与教学内容、教学目标、学生原有知识经验和认知水平的相关度，以及在课堂环境下探究的可能性，引导学生确定子问题中可能指向关键性概念的问题，将能够达到教学目标的问题作为学习问题，并且对所确定的学习问题进行分析，激活学生已有的和学习问题相关的知识，明确已有知识与新知识之间的差异。通过学习问题的解决，推动学生有目的、有成效地学习，掌握知识，发展技能。需要注意的是，学生解决问题时缺少的知识和技能也有可能成为学习问题。

三、收集资料，探究解决问题

由于一些问题具有一定的复杂性，学生需要以小组为单位进行学习。学生自愿分小组，教师可适当调整，优化小组结构，确立学习共同体，各小组进行交流讨论，明确已知内容，需要学习的内容，缺少哪些资源。学生可以通过多种途径收集资料，获取所需要的信息资源。小组成员之间、小组与小组之间在学习过程中可以共享资源、交流想法。

教师应为学生提供具有指导性的材料或资源，帮助学生理解学习问题，方便学生自己收集信息，促使学生更有效地解决问题。

当小组成员认为所收集到的信息资源能够回答或解决问题时，就可以对所收集的信息资源进行整理、分析，然后交换意见、思考解决方法，提出解决问题的可行途径，最后通过实验探究等方式进行验证。

四、成果展示，全面评价

在确定及展示成果时，切忌片面强调最终成果的重要性，应明确最终成果是问题解决过程的集中体现，以此来增强学生解决问题的信心，引导学生重视解决问题的过程。教师应组织学生以适当的形式展示小组的收获及结论。一般来说，展示的内容主要有：最终成果展示、小组活动计划、任务分工、解决问题过程中的闪光点等。需要注意的是，成果应当是真实的，是小组成员在协作探究学习问题、解决主题问题的过程中所获得的真实结论。

PBL教学模式中的评价在一定程度上反映了学生的学习表现，是为促进学生学习、改善学生学业表现服务的。要想强化评价的激励与发展功能，就不能只以学生的成绩为评价标准，要善于通过发现问题、解决问题、收集资料和实验探究过程中的各种活动对学生进行全面评价，要重视对知识建构过程的评价，要综合教师的评价、学生自己的评价、学生之间的评价，还要评价问题本身，以及教师利用问题的效果。

第七章 高中化学翻转课堂教学模式探究

第一节 高中化学翻转课堂教学内容的选择

一、翻转课堂教学内容的选择依据

在高中化学新课程改革的背景下，高中化学翻转课堂教学内容的选择和对应的教学设计都应为实现《化学课程标准》中的课程目标而服务。高中化学翻转课堂教学内容的选择必须有利于知识与技能、过程与方法、情感态度与价值观三维目标的达成，因而高中化学的课程目标就是高中化学翻转课堂教学内容选择的依据。

（一）知识与技能目标决定翻转课堂教学内容的选择范围

依据不同类型的知识点的特点，可将高中化学教学内容分类，而不同的教学内容所需实现的知识与技能目标也是不同的。在开展教学之前，教师要选择在翻转课堂教学模式下有利于知识与技能目标实现的教学内容。

（二）过程与方法目标决定翻转课堂教学内容的选择角度

化学是一门以实验为基础的自然科学，在化学教学过程中，化学实验有其不可替代的教育功能。《化学课程标准》指出，在教学过程中要尽可能让学生通过探究形式体会化学物质变化的过程，从而更直观地感受科学探究的意义，从而提高科学探究的能力。同时，在教学过程中，要培养学生敢于质疑、乐于思考的学习习惯，培养学生的问题意识，促使学生能够独立发现并提出有价值的化学问题，并通过与同学、教师的合作最终解决问题。因此，在开展教学之前，教师要选择在翻转课堂教学模式下有利于完成过程与方法目标的教学内容。

（三）情感态度与价值观目标决定翻转课堂教学内容的选择方向

翻转课堂打破了传统课堂的局限性，但课堂教学的效能是多维度的，教师在传授显性知识的同时，教师的科学态度、价值观和个人的修养、魅力等也潜在地影响着学生。因此，在开展教学之前，教师要选择在翻转课堂教学模式下有利于完成情感态度与价值观目标的教学内容。

二、翻转课堂教学内容的选择原则

翻转课堂与传统课堂相比，在满足不同层次学生的个性要求、实现因材施教等方面有着无与伦比的优势，但是翻转课堂并不适用于所有类型的教学内容。从促进学生全面发展的角度出发，翻转课堂教学内容的选择需遵循以下原则：

（一）目标性原则

翻转课堂教学内容必须为达成学习目标而服务，不能使翻转课堂教学流于形式。因此，要选择具有翻转价值的知识作为翻转课堂的教学内容。所谓的"具有翻转价值的知识"，应是能更好实现化学课程目标的教学内容，应是化学学科的主体知识或核心知识，应是对构建化学知识框架、提高学生化学学习能力等方面具有重要影响的内容。开展翻转课堂之前，教师需要对教学内容进行斟酌，分析教学内容的类型（化学事实性知识、化学理论性知识或化学技能性知识），确保所选择的教学内容在翻转课堂的课前自主学习阶段能够实现该特定知识类型涵盖的学习目标，从而根据不同类型的教学内容更好地开展翻转课堂教学。

（二）激发内在学习动机原则

翻转课堂是以学生为主体的教学模式，因此，在学习过程中，使学生的主体作用得以发挥是有效开展翻转课堂的根本保证。而学生的主体性能够得到发挥的前提是学生具有内在的学习动机。教师在教学过程中要通过多种有效的手段，使学生的隐性学习愿望转变为显性的学习行为，即激发学生内在的学习动机。

在传统课堂上，由于受教学课时的限制，教师不能照顾到每一位学生，当学生在接受新知识的过程中遇到困难时，教学仍在按部就班地进行，基础差的学生往往会产生挫败感，而翻转课堂就克服了这一局限性。但倘若教学内容的选择不合适，又会导致课前自主学习时学生无法独立完成学习任务，在课堂上便无法加入问题研究的环节，出现课前不能提出有价值的问题，课中又不能解决其他学生提出的有探究价值的问题的困境，这无疑会削弱学生的学习动机。因此，教师要选择在翻转课堂教学模式下更能突显其特点、更容易掌握一整套学习方法的教学内容，从而进一步激发学生的学习动机。

（三）可操作性原则

翻转课堂特殊的教学结构决定着教学内容应具有可操作性，即所选择的教学内容要保证学生课前自主学习和课堂教学能够顺利进行。在选择翻转课堂教学内容时，教师必须要确保做到以下两点：

第一，翻转课堂在解决教学内容多但课时少的矛盾的同时，要保证学生最终能够独立达成学习目标。

第二，在课前自主学习阶段达成学习目标的同时，学生能够发现和提出有探究价值的问题，保证课堂教学的成效，从而进行实时的师生互动和生生互动，使学生享受自主学习带来的成就感。

（四）利于长远发展原则

翻转课堂将学习全权交给了学生，但在让学生自主进行知识建构的同时，不能忽略了传统教学中教师在教学过程中具有的潜在推动作用。教学不仅是传授客观知识的教与学的互动，更是师生情感交流与升华的有效途径，教师在教学过程中体现出来的积极态度、人生价值观、个人魅力，甚至小到一个表情、一个动作等都可能影响学生的学习活动，并对其后续的学习生活产生深远的影响。因此，在保证学生主体性地位的同时，不能忽略教师的重要作用。

三、翻转课堂主要教学内容

只有根据翻转课堂教学内容的选择依据和原则确定教学内容，并进行有针对性的教学设计，才能高效地开展翻转课堂教学活动，将翻转课堂蕴含的教学理念淋漓尽致地展现出来。高中化学翻转课堂的教学内容主要包括以下三个模块：

（一）元素化合物知识模块

元素化合物是高中化学知识中非常重要的基础部分，是全面认识化学学科、构建化学知识网络的阶梯和载体。学生只有掌握了元素化合物知识，才能对化学基本概念进行深入理解，学习化学实验、化学计算等知识时才不会感到吃力。元素化合物知识包括元素及其化合物的性质、存在、用途等方面的内容，属于化学事实性知识，是联系化学与实际生产生活的知识。

选择元素化合物知识模块开展高中化学翻转课堂教学，主要基于元素化合物知识具有以下特点：

1.知识点生动形象

元素化合物知识大多是元素与其化合物之间转化的宏观表现，具有生动直观、形象具体、便于理解等特点。对学生来说，在翻转课堂的课前自主学习阶段完成知识的建构，一般不会遇到太大的困难。

2.知识点零散，难以记忆

元素化合物知识模块涉及的元素及其化合物种类较多，涉及的化学反应方程式相对较多，而且在众多的化学反应方程式中，既有符合一般规律的，也有具有特殊规律的，使教学内容相对庞杂，学生记忆起来也相对困难。基于元素化合物知识的这一特点，在紧张有限的教学课时安排内，如果教师一味地讲授，学生机械地记忆，那么从学生的角度来看，知识零散，思维混乱，感受不到学习的成就感，而对于易于理解的知识点，学生也很难发掘、提取和处理。

3.知识点与实际生产生活紧密联系

在日常生活中，学生对于元素及其化合物并不陌生，而且元素及其化合物与人们每天的生活息息相关，如生活中铝制品和铁制品随处可见，碳酸氢钠和碳酸钠也是常见物品，漂白粉也是人们再熟悉不过的东西。因此，选择元素化合物知识进行翻转，可以让学生真切感受到知识来源于生活，并最终应用于生活，可以让学生更好地在原有生活经验和认知基础上建构新知识，使学生在课前自主学习阶段能将相对繁杂、易混淆的有关元素化合物的新知识进行有效区分，尽可能避免混淆，提高辨别能力和记忆效率。

（二）化学基本概念知识模块

化学基本概念是高中化学教学的核心内容，体现了化学学科的本质，是整个高中化学学习的重点和难点。学生在理解化学基本概念后，就能突破对事实性知识仅局限于描述性水平的困境，能更进一步地认识元素化合物的性质和化学反应的本质。

选择化学基本概念作为教学内容开展高中化学翻转课堂教学，主要基于化学基本概念知识具有以下特点：

1.知识点抽象枯燥，具有高度概括性

化学基本概念反映了物质及其相互间变化的微观本质，同时是对同一类事物的理论概述，具有空洞不易捉摸、高度概括不易理解等特点。如"物质的量"是建立化学微观世界和宏观世界的有效桥梁，直接影响整个高中化学的学习过程，但学生一般很难深入理解其本质，且易与"物质的质量"混淆，在应用时觉得抽象难懂。因此，在进行化学基本概念教学时，教师应注重引导学生进行概念形成过程的推理，务必让学生透彻理解作为固着点的概念理论，以保证后续概念的学习。翻转课堂最大的特点是在最大化完成课前预习的基础上，延长了课堂学习的时间。课堂中学生有了自主学习阶段形成的化学概念的认知基础，教师则有了更多的时间进行一对一的个性化引导，并在课堂中给予学生充足的时间和机会，通过作业检测区分概念和熟练掌握概念的应用，透彻理解其本质，保证学生对抽象难懂的化学概念有清晰的认识，最终形成建立概念之间的相互联系的能力。

2.更注重结论的获得过程

概念是对同类事物共同特征的概括，也是区分不同事物的重要标准。化学基本概念的学习需要学生通过积极主动的思维活动进行不断的假设和检验。概念的获取不只注重结论的获得，更注重让学生亲身体验结论的获得，因此化学概念的获取不应是机械被动的，教师要充分发挥学生的自主能动性，这一学习理念与翻转课堂的"以学生为主体"的教学理念是相契合的。

3.有助于发挥学生的思维能力

化学基本概念是在具体丰富的事物中抽象总结出来的，有助于学生逻辑思维能力的培养。同时，学生在运用化学基本概念去分析化学反应、化学现象时，也对物质的性质、组成、结构及其变化有了更深层次的理解，这个过程中，抽象思维能力也有所提升，体

现了"注重学生全面发展"的理念。在开展翻转课堂教学时，学生把课前自主学习中的困惑带到课中与同学、教师讨论，通过生生之间和师生之间的对话、交流等尽可能发展个体思维能力。

（三）化学实验知识模块

化学是一门以实验为基础的学科，化学实验是化学课程中不可或缺的部分，它能将零散庞杂的元素化合物知识以实验现象的形式呈现，为学生认识化学物质提供化学实验事实，加强学生对知识的记忆和理解。同时，化学实验有助于将抽象难懂的基本概念直观化，便于学生理解和接受。化学实验属于化学技能性知识，其中，演示实验是把抽象的化学知识形象化的有效手段，探究实验则是在学生具有一定认知基础上自主探索化学新知识的过程。

化学实验主要是基本的化学实验操作，注重教师的演示操作示范，所以更适合以演示实验的形式开展教学。对于元素化合物知识或化学基本概念知识，为了便于学生理解，也会以演示实验或探究实验的形式呈现。化学实验和具体的化学事实性知识或化学理论性知识是相结合的，不宜机械地学习，化学实验不是单纯的操作训练，它是化学知识的直观化体现。

演示实验和探究实验各有侧重。演示实验重在能让学生近距离观察实验现象或教师的操作示范。在传统课堂中，一般是教师演示，学生观察实验现象。但在实际的教学实践中，往往座位靠后的学生观察不到实验现象和教师的示范操作，不能直观地感受化学知识，造成学生自己在练习操作中连续出现错误，无法达到开展演示实验的目的。把演示实验进行翻转课堂教学后，将教师的演示实验制成录像，实验现象便可以近距离地呈现在每个学生面前。对于操作性演示实验而言，可将演示录像与教师对知识点的讲解相融合，录制成微视频，以便学生了解、学习。课前，学生可以多次观看教师的示范操作，可以有充裕的时间思考现象背后的本质，减少课中自主实验时的错误操作。将翻转课堂应用于演示实验的教学中，有利于突显演示实验的意义。

探究实验重在培养学生的科学探究能力，要让学生切身感受探究的过程。在翻转课堂教学中，教师在课上要将更多的时间用于一对一的个性化指导或分组解答上，能够为学生提供充足的时间，让学生分组讨论，设计实验方案，然后进行实验，最终确定实验的最佳方案。在这一过程中，学生完整有效地体验了探究的全过程，且教师在探究的氛围中，将自己对科学的态度和情感，以及思考问题的方式传达给了学生。

第二节 高中化学翻转课堂教学模式的设计原则与策略

一、高中化学翻转课堂教学模式的设计原则

（一）以学生为认知主体

翻转课堂是知识建构与知识内化过程的"翻转"，在此过程中，教师与学生的角色实现了转变，翻转课堂要求教师从"知识传播者"向"学习指导者"转变，要求学生由"知识的被动接受者"转变为"知识的主动建构者"。在翻转课堂的知识传递过程中，学生可以在教师设计的学习任务单的指导下，利用微视频进行自主学习，真正成为知识建构的主体。同时，在翻转课堂的课堂教学环节中，学生在同学、教师的帮助下解决了课前自主学习时产生的问题，最终将新知识扩展和深化。从翻转课堂教学的特点可以看出，高中化学翻转课堂教学设计应以学生为认知主体，教师则应成为促进学生学习的催化剂。

（二）学习任务单设计简明

在翻转课堂中，学习任务单具有引导学生前置性学习的重要作用。倘若设计的学习任务单是大篇幅的，会无法突显自主学习的重难点，削弱了学生的学习动机，无形中加重了学生的学习负担，直接影响学生自主学习的效果，也会对后续的课堂教学产生负面影响。因此，学习任务单的设计作为开启翻转课堂的第一步，要做到简洁明了，能够让学生带着明确的任务学习，抓住重难点以达成学习目标。

（三）课前课中紧密联系

课前课中紧密联系能激发学生学习的积极性和主动性，让学生在课堂教学中体验来自课前自主学习的成就感，从而增强翻转课堂的教学效果。课前，学生记录下自己不能解决的问题；课中，教师鼓励学生合作解决问题，如果学生讨论后仍不能解决，教师可以一对一进行个性化的指导或进行全班系统讲授。因此，在翻转课堂教学设计中，要保证课堂教学是基于学生课前自主学习的结果展开的。

（四）互动交流有效

在翻转课堂中，学生内化知识是在课中与同学、教师讨论交流的过程中完成的。因此，交流互动的有效性直接影响学生对知识的理解和深化。在设计翻转课堂教学时，教师要根据学生课前自主学习的基本情况和教学内容的重难点，确定有效的探究问题，对课堂交流互动的大致方向有规划和准确的定位，确保课堂交流互动的有效性和质量。

二、高中化学翻转课堂教学模式的设计策略

（一）元素化合物知识模块翻转课堂教学设计策略

在元素化合物知识的传统课堂教学中，一般是教师先讲授物质的性质和相关的实验，继而进行演示实验，讲解相关的练习题。将翻转课堂教学模式应用于元素化合物知识的教学中，旨在构建出以元素及其化合物的性质为主线，以演示实验为载体，将物质的组成、结构、性质、用途、存在及制法等知识联系起来，以增大固定单位课时的课容量的课堂。

1.设计自主学习任务单

教师根据元素化合物的具体教学内容，进行教学目标和学情分析后，开始翻转课堂的教学准备。设计自主学习任务单便是设计翻转课堂教学的第一步，元素化合物类翻转课堂自主学习任务单的设计核心在于要能够明确指导学生通过观看教学视频认识物质的组成和结构、基本性质（物理性质和化学性质）、制取方法、用途等，在自主学习任务单的帮助和引领下，学生能够初步全面地认识物质。

2.开发优质微课

自主学习任务单和微课是一脉相承的。教学视频的开发在很大程度上决定了课前学习任务完成的质量。元素化合物的学习是生活中常见现象学科化的过程，同时也是学生深入认识生活中常见物质的过程。在教学中要充分体现物质结构决定性质、物质性质决定用途、物质用途反映性质和物质性质反映结构的化学学习思想。因此，元素化合物类翻转课堂的教学视频的核心内容应是演示实验，重点介绍元素及其化合物的结构、性质、制取、相互间的转化及其在生活中的应用，而且部分用途可制成选看视频作为扩展内容，供学有余力的学生拓宽视野。

3.开展课堂教学

（1）明确课前自主学习的效果

对于元素化合物类翻转课堂，课堂教学环节是在学生自主学习之后，故教师应先针对学生课前学习遇到的问题，明确学生是否已经基本了解物质的结构、性质及其用途。

（2）组织开展合作学习

开展合作学习的目的在于通过解决课前自主学习存在的问题，使知识得到内化。在翻转课堂中，探究问题是由师生共同完成的。从教师的方面来说，教师需要根据教学目标和教学内容的重难点提出具有探究价值的问题；从学生的方面来说，学生需要根据课前自学提出问题，再由教师整理学生提出的个别问题和共性问题，教师综合考虑，确定对学生知识内化有实际帮助的问题。教师组织学生先进行独立思考，尝试自己解决问题，然后在满足可操作和安全的前提下，给予学生机会，让学生分组进行物质制取、物质性质验证和物质间相互转化的实验，让学生直观感受和认识物质的性质，甚至享受自己制取物质和完成物质间转化的成就感。合作学习阶段以实验为主，促进学生内化知识，帮助学生顺应、同化新的认知体系。

（3）作业检测

在以实验作为检测基础之后，作业检测则是知识进一步内化的重要环节。教师需要在"最近发展区"内设计出学生能解决的具有极限意义的进阶性习题，使学生能够应用和深化知识。

（4）精讲总结

教师进行精讲并总结出物质的主要性质、物质之间转化的方法和物质在生产生活中的用途，最终构建物质性质的知识网络体系。

（二）化学基本概念知识模块翻转课堂教学设计策略

由于化学基本概念具有一定的理论性、抽象性和系统性，不仅对学生的逻辑思维能力、概括总结能力有更高层次的要求，还对教师的知识呈现能力和教学能力有更高的要求。在化学基本概念的传统课堂教学中，一般是教师给出相关的化学概念，继而系统地提炼出理解概念的要点。事实上，这样的教学模式会导致在相同教学时间内，有的学生对概念理解不透彻，无法参与课堂互动，而已掌握的学生感到不耐烦的现象。不同学生学习同一概念时，对概念理解的侧重点不同，如在引入"物质的量"这一概念时，有的学生对理解"物质的量"定义中的"集合体"有一定的困难，而有的学生却认为难点在于区分"物质的量"和"摩尔"两个专有名词。而将翻转课堂教学模式应用于化学基本概念知识的教学中，旨在将原来教师在课堂中构建化学概念的过程翻转到课前，在不削减概念知识展示量的同时，给予学生更多的机会，让学生自己决定怎么去学，给予学生更多的时间，让学生体验概念形成的过程，并能够将自己在构建概念过程中存在的问题在课中与同学和教师充分交流讨论，最终透彻地内化新概念。

1.设计自主学习任务单

教师根据化学基本概念的具体教学内容，在教学目标分析和学情分析的基础上，开始设计自主学习任务单。利用自主学习任务单指导学生通过教学视频层层递进地构建化学新概念，学生可以反复地播放视频，最大程度地理解概念，并把自己的困惑记录下来。

2.开发优质微课

化学基本概念的学习是对一类事实进行高度概括的过程，在教学中，教师要注重让学生感受获得概念的历程，并指导其利用理论解决实际问题，因此，化学基本概念翻转课堂的教学视频应重在采用动画、图片的方式及与课件相融合的形式，再配合教师的讲解，来呈现相对比较抽象的概念知识，能够让学生通过直观的事实性材料理解概念的由来。

3.开展课堂教学

（1）明确课前自主学习的结果

对于化学基本概念类的翻转课堂，课堂教学环节是在学生自主构建新概念之后，但每位学生对于概念的认知是存在差异的。因此，在开展课堂教学之前，教师要明确学生课前自主学习后对于新概念的理解存在哪些共性问题和个别问题。

（2）组织开展合作讨论

在明确了学生课前自主学习的基本情况后，教师要根据学生自学中出现的具有探究价值的问题，对学生进行合理分组，并组织各小组针对这一类问题开展合作讨论，让学生在交流合作中深化认识。

（3）组织汇报交流

在确定问题、合作学习之后，应让学生以灵活多样的方式进行汇报交流，给予各小组与其他小组分享讨论成果的机会。在拓宽学生思维的同时，要让学生能更全面地掌握理解概念的要点。在汇报交流中，教师要充分发挥引导作用，应及时引导学生发现并深化之前忽略的重难点问题，从而实现重难点的突破。

（4）练习检测

在这一阶段，教师的引导作用再次显现，学生在完成练习的过程中产生任何疑惑都可以向教师请教，教师进行一对一的个性化指导，最终保证每个学生都实现概念的深层次内化。

（5）系统精讲

在练习检测后，学生已经重建了自己原有的化学概念知识框架，但大多是混乱和无序的，甚至有可能是存在漏洞的，这时教师应该对概念知识进行更深层次的挖掘和高度的概括总结，帮助学生形成新的、清晰的概念网络体系。

（三）化学演示实验知识模块翻转课堂教学设计策略

高中化学教材中有许多需要学生掌握操作技巧的基本实验，如容量瓶的正确使用、蒸馏操作等。在操作性的化学演示实验的传统课堂教学中，一般是教师演示操作，学生认真观察，然后学生模仿教师的操作进行练习，但在实际的教学实践中，学生的操作往往不尽如人意，会出现各种各样的错误。而将翻转课堂教学模式应用于操作性化学演示实验的教学中，旨在让每一位学生能近距离观察教师的演示操作，能够重复多次地观看教师的操作示范，回到课中进行自主实验时可以降低错误率，达到更好的操作练习效果。

1.设计自主学习任务单

教师在完成教学目标分析和学情分析后，设计引导学生自主学习的任务单，让学生在任务单的引导下通过观看微视频掌握实验操作的要点，并通过观看微视频发现操作中容易出现的错误，从而在课中自主实验时避免此类错误。

2.开发优质微课

将操作性化学演示实验进行翻转课堂教学，其优势在于学生可以在课前反复多次观看教师的演示实验视频，但教师的错误操作会影响学生的认知建构，因此，化学演示实验翻转课堂教学视频的核心在于教师在录制视频时要能够熟练且准确无误地操作实验。同时，在将演示视频制成微视频时，对关键的操作要点及易出现错误的操作环节要配上提示性说明，以便学生突破重难点。

3.开展课堂教学

（1）明确课前自主学习的结果

对于操作性化学演示实验类的翻转课堂，课堂教学环节是在学生掌握了实验的基本操作之后，而在自主学习阶段，部分学生会对正确的实验操作存在困惑，会产生"为什么要这样操作"的疑问。因此，在正式开展课堂教学之前，教师要明确学生课前学习后，对于实验操作的要点存在哪些问题。

（2）合作讨论

在获取了学生课前自主学习的结果后，教师要根据学生自学中出现的具有探究价值的问题，组织学生分组对问题进行有效的合作讨论，让学生在交流合作中解决问题。

（3）组织自主实验

教师在解决学生的困惑之后，组织学生自己动手操作实验。学生在实际操作中出现的错误往往是课前教学视频中未提及的要点，在这个过程中，教师要充分发挥引导者的作用，对于学生在操作过程中出现的错误，如果只有个别学生出现，教师可以一对一指导纠正，如果是大多数学生都会出现，教师应该记录下来，在以后的教学中加以重视。

（4）展示交流

在独立学习、自主实验之后，教师应组织学生展示自己的实验操作，并且对较为优秀的个人进行表扬，让学生能够感受到学习的成就感。当然，对在展示过程中错误较为典型的学生，需要及时鼓励并纠正，起到让其他同学引以为鉴的作用。

（5）要点总结

在展示交流之后，学生意识到了实验操作中需要注意的一些事项，但每位同学认识到的操作要点不尽相同，所以教师要在学生展示交流的基础上引导学生总结出实验操作的所有要点，帮助学生建立完整的知识网络体系。

第三节 高中化学翻转课堂教学模式的实施

一、高中化学翻转课堂教学模式实施的目的及方案

（一）实施的目的

提高学生化学成绩、提高学生学习化学的兴趣、培养学生自主学习意识和合作学习意识，以及提高学生发现和解决化学问题的能力等。

（二）实施的方案

1. 研究对象分析

为了在同一层次的学生之间形成对比，本次研究的对象确定为某中学两个普通班的全体学生，两个班的学生是依据中考成绩和入学前的测试成绩进行平行编制的，水平相当。高一（7）班为实验班，班级总人数为 54 人，高一（8）班为对照班，班级总人数为 55 人。通过测验进一步确定实验班与对照班在实验前水平是相当的。

2. 变量分析

（1）自变量：课堂教学模式选择

实验班：翻转课堂的新课标教学。

对照班：传统课堂的新课标教学。

（2）因变量：教学效果

教学效果的直接测定指标：学生化学学习成绩。

教学效果的间接测定指标：学生化学学习态度、学生化学学习能力。

（3）无关变量控制

实验班和对照班均由同一化学教师任教，均使用人教版《普通高中课程标准实验教科书化学 1（必修）》作为教材，保证教学环境与资源的一致性，实验班不刻意强调翻转课堂教学模式与传统课堂的区别，排除对教师和学生的心理暗示。

3.实施过程

（1）前期准备阶段

编制《学生化学学习情况问卷调查表》，表征学生对学习化学的态度、对化学教学资源及教学模式的选择偏好和化学学习的能力，量表的各测量维度如表 7-1。编制《翻转课堂教学问卷调查表》，表征开展翻转课堂后，学生化学学习兴趣、自主学习及合作学习的能力的情况。拟定"学生对翻转课堂教学模式反馈情况"访谈提纲，了解案例实施后学生对翻转课堂的感受和意见。

表 7-1 《学生化学学习情况问卷调查表》题目分布情况

测量维度	题号
学生学习态度	3、4、5
自主学习和合作学习意识	6、12
对化学课堂教学资源及教学模式的选择偏好	7、8、9、10、11

（2）前测阶段

对实验班和对照班的高一上学期期末成绩进行统计分析，对实验班和对照班发放《学生化学学习情况问卷调查表》进行前测，统计数据，分析两个班学生入学后学习情况的差异。

（3）实施阶段

针对元素化合物知识模块、化学基本概念模块、化学演示实验模块，实验班进行翻转课堂教学，对照班进行传统课堂教学。

（4）后测阶段

对实验班的期末成绩进行统计分析，并对实验班发放《翻转课堂教学问卷调查表》进行后测，了解学生对翻转课堂的态度，以及翻转课堂实施后学生学习成绩、学习态度和学习能力的变化情况。

二、高中化学翻转课堂教学模式实施案例

（一）元素化合物知识模块——"NH₃的制备与性质"翻转课堂教学案例

依据翻转课堂教学内容的选择原则，"NH₃的制备与性质"以翻转课堂模式开展教学。课前的教学视频重在介绍NH₃的性质及用途，通过观看教学视频，学生在自主学习阶段便能了解NH₃的性质与用途之间的关系，满足元素化合物知识目标性的选择原则；NH₃贴近学生的生活，属于易理解和易接受的知识点，学生能在自主学习阶段独立完成学习目标，具有了参与课堂教学环节的能动性，从而激发主动参与学习的动机，满足激发内在学习动机的选择原则；学生在独立完成学习目标的同时，容易发现和提出有探究价值的问题，保证了课堂教学的生成性，满足可操作性的选择原则；回到课堂中，教师在引导学生解决问题和归纳总结NH₃的性质及用途的过程中，优化了元素化合物知识的学习方法，并隐性强调了在学习过程中要注重学习态度及学习方法培养，满足利于长远发展的选择原则。

1.教学目标分析

①使学生了解氨的物理性质和用途，掌握氨、氨水和铵盐的主要化学性质。
②使学生知道喷泉实验的原理，学会氨的实验室制法。
③使学生了解氨的用途及氮元素在自然界中的循环过程。
④使学生能够应用所学的知识和化学基本技能检验铵根离子。
⑤通过对实验现象的观察和分析，加强学生的观察能力，提高学生应用化学实验发现新知识的能力。
⑥通过喷泉实验培养学生总结归纳的能力和知识迁移的能力。

2.学情分析

学生之前已经对非金属硅和氯进行了系统的学习，已对非金属的通性有了基本的认识，学生对含氮化合物已经不陌生，这使得学生在学习氨的时候有规律可循。同时，高中阶段的学生理性思维较强且自控意识已逐步形成，具备了一定的分析解决问题的能力和归纳总结的能力。因此，本节教学以翻转课堂的形式开展，让学生课前便在自主学习任务单的引导下，通过教学视频中教师的讲解及演示实验，自己完成知识的建构。

3. 设计自主学习任务单（表 7-2）

表 7-2　"NH₃ 的制备与性质"自主学习任务单

"NH₃ 的制备与性质"自主学习任务单 班级：　　　姓名：　　　学号：
一、学习指南 1.课题名称 NH₃ 的制备与性质。 2.达成目标 （1）通过观看教学视频，认识到含氮化合物在人类生产生活中的地位及氮元素在自然界中的循环过程。 　　（2）通过观看教学视频，掌握 NH₃ 的实验室制法。 　　（3）通过观看教学视频，了解 NH₃ 的物理性质和喷泉实验的原理，并且能够分析氨水的酸碱性。 　　（4）通过观看教学视频，掌握 NH₃ 的化学性质。 　　（5）通过观看教学视频，了解铵盐的通性，学会检验 NH₄⁺ 的方法。 3.学习方法建议 微课学习。 4.课堂学习形式预告 合作交流、作业检测和系统精讲。
二、学习任务 通过观看教学视频自学，完成下列学习任务： 　　（1）用离子方程式表示出 NH₄⁺ 与 OH⁻ 不能共存的原因。 　　（2）实验室制取 NH₃ 的反应原理是什么？ 　　（3）实验室制取 NH₃ 时，强碱为什么不选择 NaOH 或 KOH？铵盐为什么不选择 (NH₄)₂CO₃ 或 NH₄NO₃？ 　　（4）实验室制取 NH₃ 的发生装置类型是什么？净化装置如何选择？采用什么方法收集 NH₃？ 　　（5）通过观察实验室制取 NH₃ 的装置和刚刚收集到的 NH₃，总结 NH₃ 的物理性质。 　　（6）喷泉实验的原理是什么？喷泉实验说明氨水显什么性？请分析原因。 　　（7）NH₃ 具有哪些化学性质？ 　　（8）NH₃ 的用途有哪些？ 　　（9）铵盐具有哪些化学性质？ 　　（10）如何检验 NH₄⁺？
三、困惑与建议 在观看教学视频和完成学习任务后，你有什么学习心得或困惑？赶快写下来吧！

4. 开发微课

"NH$_3$的制备与性质"微课从展示果园、麦田和化肥的照片开始，让学生感受含氮化合物在人类生产生活中起着重要作用，引领学生认识氮循环家族中重要的成员——NH$_3$。NH$_4^+$与OH$^-$生成NH$_3$·H$_2$O，而NH$_3$·H$_2$O不稳定，在常温下会分解生成NH$_3$和H$_2$O，教师以此引导学生联想到可用铵盐和强碱制取NH$_3$，再针对如何选择铵盐和强碱进行分析。然后教师在视频中呈现实验室中是如何制取NH$_3$的，并将制取到的NH$_3$在视频中展示给学生，带领学生总结归纳出NH$_3$的物理性质。接着教师进行喷泉实验的演示，带领学生分析实验现象，让学生认识到NH$_3$溶于水，与水发生化学反应生成NH$_3$·H$_2$O，而NH$_3$·H$_2$O发生电离生成NH$_4^+$与OH$^-$，从而知道氨水显碱性的原因。再由NH$_3$与H$_2$O反应的实质迁移到NH$_3$能与酸反应，以及从氧化还原的角度对NH$_3$进行分析，得出NH$_3$的另一化学性质，即能与氧气发生催化氧化。在认识了NH$_3$的物理性质和化学性质之后，为深化元素化合物学习过程中物质性质决定用途和物质的用途反映性质的学习思想，教师可在视频中呈现NH$_3$在日常生活中的用途，部分用途可制成选看视频，给感兴趣的同学作为知识的扩展。教师再从利用铵盐与强碱可制取NH$_3$，NH$_3$与酸能够反应的基础上，带领学生认识铵盐并总结铵盐的性质。"NH$_3$的制备与性质"教学视频的脚本如表7-3所示。

表7-3 "NH$_3$的制备与性质"教学视频脚本

微视频	核心内容
视频一（约30s）	NH$_4^+$与OH$^-$生成NH$_3$·H$_2$O的离子反应
视频二（约2min）	实验室制取NH$_3$的药品选择
视频三（约2min）	NH$_3$的实验室制备、NH$_3$的物理性质
视频四（约2min）	喷泉实验及现象分析
视频五（约2min）	NH$_3$的化学性质及NH$_3$的用途
视频六（约1min）	铵盐的性质及NH$_4^+$的检验方法

5.开展课堂教学

（1）确定探究问题

教师以课件的形式呈现根据教学目标、教学重难点和学生课前自学后反馈的问题确定的四个探究问题：

①为什么实验室一般不采用直接加热氨水的方法制取 NH_3？

②$CaCl_2$ 是中性干燥剂，能否用 $CaCl_2$ 干燥 NH_3？

③哪些气体与液体的组合也能产生"喷泉"？

④NH_3 与 HCl 反应能产生白烟，NH_3 和其他酸反应是否也能产生白烟？

设计意图：教师以课件的形式聚焦问题，鼓励学生在课前自主学习阶段积极提出问题，培养学生发现问题和表述问题的能力，提高学生自主学习的质量。

（2）解决问题

学生先独立思考，尝试解决问题，然后进行小组交流。

教师针对学生存在的困惑进行个性化指导。

解决问题①：为什么实验室一般不采用直接加热氨水的方法制取 NH_3？

加热浓氨水也可以用于快速制取 NH_3，但制取的 NH_3 中常常混有水蒸气，且浓氨水一般不稳定，在实验室不易保存。

解决问题②：$CaCl_2$ 是中性干燥剂，能否用 $CaCl_2$ 干燥 NH_3？

$CaCl_2$ 是中性干燥剂，但 $CaCl_2$ 容易与 NH_3 反应生成 $CaCl_2·NH_3$，因此不能用于干燥 NH_3。

解决问题③：哪些气体与液体的组合也能产生"喷泉"？

只要能使烧瓶内外产生一定压强差的气体与液体组合均能产生"喷泉"。例如，易溶于水的气体与水的组合：NH_3、HCl、SO_2、NO_2；酸性气体与碱液的组合：NH_3、HCl、SO_2、NO_2、H_2S；碱性气体与酸液的组合：NH_3 与盐酸溶液。

解决问题④：NH_3 与 HCl 反应能产生白烟，NH_3 和其他酸反应是否也能产生白烟？

教师组织学生以小组为单位完成下列实验：

第一，分别用两根玻璃棒蘸取浓氨水和浓盐酸，然后两根玻璃棒互相靠近，观察发生的现象。

第二，分别用两根玻璃棒蘸取浓氨水和浓硫酸，然后两根玻璃棒互相靠近，观察发生的现象。

第三，分别用两根玻璃棒蘸取浓氨水和浓硝酸，然后两根玻璃棒互相靠近，观察发生的现象。

第四，分别用两根玻璃棒蘸取浓氨水和磷酸，然后两根玻璃棒互相靠近，观察发生的现象。

学生根据观察到的实验现象，总结归纳出具有挥发性的酸（浓硝酸、浓盐酸等）遇 NH_3 会产生白烟，难挥发的酸（浓硫酸、磷酸等）遇 NH_3 不会产生白烟。

设计意图：学生在同学和教师的帮助下解决问题，提高学习中的合作意识及解决问题的能力，同时教师在教学中实现了个性化指导。

（3）学生自主实验

在解决问题后，教师组织学生利用实验直观地内化知识。

学生以小组为单位完成以下实验：

第一，利用 NH_4Cl 与 $Ca(OH)_2$ 实验制取 NH_3，通过实验巩固 NH_3 的实验室制法，并通过制得的 NH_3 直观感受其物理性质。

第二，组装装置完成喷泉实验，通过实验过程认识喷泉实验成功的关键因素，并通过直观的实验现象理解喷泉实验的原理和氨水的性质。

第三，利用浓氨水判断常见酸（稀硫酸、稀盐酸、醋酸、浓盐酸、浓硫酸等）的挥发性，通过实验过程直观感受 NH_3 能与酸反应的化学性质。

设计意图：以实验为载体，让学生体验自主学习及协作学习带来的学习成就感，利用直观的实验手段让学生内化零散繁杂的元素化合物知识，同时在小组合作实验过程中提高学生的团队合作意识。

经过解决探究问题和自主实验后，学生基本掌握了氨的制备和氨、氨水的主要化学性质。学生最后通过合适的练习检测和巩固本节课所学的内容，练习可分为基础题和拓展题，基础题要求每位学生都必须完成，而拓展题则供学习能力较强的学生进一步挑战自己，拓展思维。

（二）化学基本概念知识模块——"物质的量的单位——摩尔"翻转课堂教学案例

依据翻转课堂教学内容的选择原则，"物质的量的单位——摩尔"以翻转课堂开展教学。课前自主学习阶段，学生可以通过教学视频，在教师的引导下建立"物质的量"这个新的化学概念，在建立概念的过程中，教师要让学生学会接受新概念、区分新概念与旧概念，以及熟练运用新概念，满足化学概念知识目标性的选择原则；"物质的量"是计量微观粒子的物理量，概念相对抽象，学生可以通过观看微视频自由控制自主学习的时间，从而深入理解和掌握"物质的量"相关知识，最终通过课前自主学习完成学习目标，激发学生参与课堂教学的学习动机，满足激发内在学习动机的选择原则；在"物质的量"的自主学习过程中，学生知识网络体系里的一些原有概念易与"物质的量"发生认知冲突，学生能在此过程中提出有探究价值的问题，为课堂教学的开展创造支点，满足可操作性的选择原则；在正式进入课堂前，学生有充裕的时间自主建构知识，教学过程更加注重"物质的量"的形成过程，而并非只注重知识的结果，为后续化学概念的学习打下了基础，满足利于长远发展的选择原则。

1.教学目标分析

①使学生理解物质的量的概念，知道摩尔是物质的量的单位。

②通过对物质的量的理解，学生能够从微观的角度定量认识物质。

③使学生了解阿伏伽德罗常数的含义，物质的量与物质的微观粒子数之间的关系。

④使学生理解摩尔质量的概念，物质的量与物质的质量之间的关系。

⑤初步培养学生演绎推理、逻辑推理的能力，提高学生自主学习的能力。

⑥结合物质的量的理解与应用，使学生学会运用宏观与微观相互转化的研究方法学习化学。

2.学情分析

此阶段的学生已具备简单的元素化合物知识和简单的化学原理知识。本节课的教学内容理论性较强，比较抽象。教师想教好本节课的内容，必须在学生原有的知识系统里寻找突破口，如以氢气燃烧生成水为例，引导学生思考，发现问题，能有效降低教学的难度，提高教学效率。在心理方面，与初中生相比，高中生在抽象思维、逻辑思维和理性思维等方面都有了进一步的发展，独立分析解决问题的能力明显提高。因此，本节教学以翻转课堂的形式开展，让学生课前便在自主学习任务单的引导下，通过教学视频，独立地完成"物质的量"这个新概念的知识建构。

3. 设计自主学习任务单（表7-4）

表7-4 "物质的量的单位——摩尔"自主学习任务单

"物质的量的单位——摩尔"自主学习任务单 班级：　　姓名：　　学号：
一、学习指南 1.课题名称 物质的量的单位——摩尔。 2.达成目标 （1）通过观看教学视频，认识到引入物质的量的意义。 （2）通过观看教学视频，理解物质的量的概念，知道物质的量的单位。 （3）通过观看教学视频，以具体实例加深对物质的量的理解。 （4）通过观看教学视频，了解阿伏伽德罗常数的含义，找到物质的量与微观粒子数之间的关系。 （5）通过观看教学视频，理解摩尔质量的概念，找到物质的量与物质的质量之间的关系。 3.学习方法建议 微课学习和阅读教材。 4.课堂学习形式预告 合作讨论、汇报交流、练习检测和系统总结。
二、学习任务 通过观看教学视频自学，完成下列学习任务： （1）总结物质的量的概念。 （2）物质的量的符号是什么？单位是什么？单位符号是什么？ （3）在理解物质的量时我们需要注意什么？ （4）阿伏伽德罗常数的含义。 （5）阿伏伽德罗常数的符号是什么？单位是什么？ （6）物质的量与微观粒子数之间有什么关系？ （7）摩尔质量的概念。 （8）摩尔质量的符号是什么？单位是什么？单位符号是什么？ （9）物质的量与物质的质量之间有什么关系？ （10）物质的量是如何建立起微观世界和宏观世界的桥梁的？
三、困惑与建议 在观看教学视频和完成学习任务后，你有什么学习心得或困惑？赶快写下来吧！

4. 开发微课

"物质的量的单位——摩尔"微课从展示日常生活中的物品销售单位开始,让学生意识到袋、盒等量词具有的共同特点,发现它们都是一定数目物质的集合体。在日常生活中,当个体较小时,人们习惯以集合体为单位统计个体数量。然后引发学生思考,对于微观世界里肉眼看不到的微观粒子(电子、离子等),我们是否也可以集合体为单位对其进行计量呢?为了更好地学习新内容,教学视频带领学生回顾 H_2 和 O_2 反应生成水的反应方程式,引导学生分别从微观和宏观的角度分析化学方程式表达的意义(从微观角度可以表示 2 个 H_2 和 1 个 O_2 反应生成 2 个 H_2O,而从宏观的角度则可以表示 4 g 的 H_2 和 32 g 的 O_2 反应生成 36 g 的 H_2O)。再次引发学生思考:在实验中,我们可以取 4 g 的 H_2 和 32 g 的 O_2 反应,而无法只取 1 个 H_2 和 1 个 O_2 反应,这说明微观的粒子数和宏观的质量间存在一定的联系,在此引入新的化学概念——物质的量,并通过国际单位制里的长度、质量等引出物质的量的符号、单位及单位符号。接着利用具体的例子,提醒学生在理解物质的量的概念时需要注意的要素都有哪些。此时创设问题,引发学生思考 1 mol 到底是多大的集合体,并在此引入另一个新的化学概念——阿伏伽德罗常数,并对其进行介绍,从而建立物质的量与微观粒子数之间的关系。接着教师在教学视频中呈现 1 个 H_2O 和 1 个 Cu 的质量,让学生尝试计算 18 g 的 H_2O 和 64 g 的 Cu 所含的粒子数,通过计算结果引入摩尔质量的概念,对摩尔质量的符号、单位进行讲解,并建立物质的量与物质的质量之间的关系。最后,教师提醒学生对教学视频所涉及的教学重难点进行归纳总结。"物质的量的单位——摩尔"教学视频的脚本如表 7-5 所示。

表 7-5 "物质的量的单位——摩尔"教学视频脚本

微视频	核心内容
视频一(约 2min)	物质的量的概念和单位
视频二(约 2min)	理解物质的量时需要注意的要点
视频三(约 1min)	阿伏伽德罗常数的概念和单位
视频四(约 1min)	物质的量与微观粒子数之间关系的建立
视频五(约 2min)	摩尔质量的概念和单位
视频六(约 1min)	物质的量与物质的质量之间关系的建立

5.开展课堂教学

（1）确定探究问题

教师以课件的形式呈现根据教学目标、教学重难点和学生课前自学后反馈的问题确定的四个探究问题：

①物质的量与摩尔的区别是什么？
②阿伏伽德罗常数个粒子的物质的量就是 1 mol 吗？
③摩尔质量就是相对原子质量或相对分子质量吗？
④物质的量为什么是搭建微观世界和宏观世界的桥梁？

设计意图：教师以课件的形式聚焦问题，鼓励学生在课前自主学习阶段积极提出问题，培养学生发现问题和表述问题的能力，提高学生自主学习的质量。

（2）解决问题

教师按照课前学生反馈的问题类别，将有共性问题且学习能力存在差异的学生放到一组，组织各小组针对共性问题进行讨论交流，同时在此过程中，教师针对每位同学的个别问题进行个性化指导。

学生积极加入小组的讨论交流，并针对自己存在的个别问题主动向教师或同学寻求帮助。

解决问题①：物质的量与摩尔的区别是什么？

物质的量是七个基本物理量之一，类似于长度，而摩尔是物质的量的单位，类似于米是长度的单位。

解决问题②：阿伏伽德罗常数个粒子的物质的量就是 1 mol 吗？

阿伏伽德罗常数就是指 1 mol 粒子集体所含的粒子数。

解决问题③：摩尔质量就是相对原子质量或相对分子质量吗？

摩尔质量只是在数值上等于相对原子质量或相对分子质量，摩尔质量有自己的单位，单位是 mol/L，相对原子质量和相对分子质量均没有单位。

解决问题④：物质的量为什么是搭建微观世界和宏观世界的桥梁？

物质的量与微观粒子数之间的关系为 $n=N/N_A$，物质的量与物质的质量之间的关系为 $n=m/M$，由此可以建立 $N/N_A=n=m/M$ 的关系，把微观粒子数与宏观质量联系起来。

设计意图：在合作交流中，让学生感受课前自主学习和课中协作学习带来的成就感，解决问题的同时内化物质的量的概念和要点，提高团队合作意识，同时教师在教学中实施个性化指导。

（3）汇报交流

教师选出小组代表后，告知全体学生展示讨论结果。

小组代表分享讨论结果，同时其他小组成员，特别是有不同观点的学生进行提问或讲解，帮助发言小组解决问题、内化知识。

教师在各个小组汇报结束并回答疑问后，概括学生观点和存在的问题，并提醒学生注意自己的阐述中存在的问题，加深学生对物质的量的认识。

设计意图：通过各小组对组内共性问题的展示，以及展示过程中全班的交流，拓展学生的思维并提高学生的团队合作意识、分析解决问题的能力。

经过解决探究问题和汇报交流后，学生对物质的量、阿伏伽德罗常数、摩尔质量等新概念已基本掌握。学生最后通过合适的练习检测和巩固本节课所学的内容，练习可分为基础题和拓展题，基础题要求每位学生都必须完成，而拓展题则供学习能力较强的学生进一步挑战自己，拓展思维。

（三）化学演示实验知识模块——"配制一定物质的量浓度的溶液"翻转课堂教学案例

依据翻转课堂教学内容的选择原则，"配制一定物质的量浓度的溶液"以翻转课堂模式开展教学。在课前自主学习阶段，学生通过微视频可以近距离且重复多次地观看容量瓶使用的演示操作，从而在回到课堂后能顺利地进行溶液配制的操作，最终达到熟练使用容量瓶及进行一定物质的量浓度溶液配制的教学目标，满足化学演示实验目标性的选择原则；在课前自主学习和课中解决问题之后，学生具备了配制一定物质的量浓度溶液的操作能力，且课堂中有更多的时间让学生自己动手做实验，通过实验激发学生内化知识的兴趣，满足激发内在学习动机的选择原则；课前自主学习后，学生已经掌握了容量瓶的使用要点，课中学生可以通过自主实验的手段内化知识，满足可操作性的选择原则；回到课堂中，教师组织学生自主实验、展示交流、系统总结，培养学生对待实验的严谨态度和利用实验手段内化知识的意识，满足利于长远发展的选择原则。

1.教学目标分析

①使学生掌握实验室配制一定物质的量浓度的 NaCl 溶液的方法。

②使学生掌握容量瓶的使用方法和要点。

③通过自主实验，提高学生的观察能力和实验操作能力。

④在实验过程中，培养学生科学严谨的学习态度，带领学生体验学习化学的乐趣。

2.学情分析

在知识起点方面，学生已经掌握了溶质的质量分数的概念，以及配制一定质量分数溶液的方法，并在上一课时学习了物质的量浓度，学生已具备了配制一定物质的量浓度溶液的知识基础。同时，在心理发展方面，高中生有了较强的自我意识和自我管理能力，具备了一定的动手实践能力。因此，本节教学以翻转课堂的形式开展，让学生课前便在自主学习任务单的引导下，通过教学视频中教师的讲解及演示实验，掌握配制一定物质的量浓度的溶液的方法。

3.设计自主学习任务单（表7-6）

表7-6 "配制一定物质的量浓度的溶液"自主学习任务单

"配制一定物质的量浓度的溶液"自主学习任务单 班级：　　姓名：　　学号：
一、学习指南 1.课题名称 配制一定物质的量浓度的溶液。 2.达成目标 　　（1）通过观看教学视频，深化物质的量浓度与物质的量，以及物质的量与物质的质量之间的转化关系。 　　（2）通过观看教学视频，理解在配制一定物质的量浓度的溶液时使用容量瓶的意义，以及了解容量瓶的规格、使用方法及使用时应注意的问题。 　　（3）通过观看教学视频，掌握配制一定物质的量浓度的溶液的步骤。 　　（4）通过观看教学视频，掌握配制一定物质的量浓度的溶液的要点。 3.学习方法建议 微课学习。 4.课堂学习形式预告 自主实验、展示交流和系统总结。
二、学习任务 通过观看教学视频自学，完成下列学习任务： 　　（1）如何用固体配制一定物质的量浓度的溶液？ 　　（2）配制一定物质的量浓度的溶液，需要哪些实验仪器？ 　　（3）通过观察容量瓶，你是如何认识容量瓶的（从形状、用途、标注、规格等方面分析）？ 　　（4）使用容量瓶需要注意哪些方面？需要遵循什么原则？ 　　（5）配制一定物质的量浓度的溶液，包括哪些步骤？

续表
"配制一定物质的量浓度的溶液"自主学习任务单 班级：　　　姓名：　　　学号： （6）归纳总结各操作步骤需要注意的问题。
三、困惑与建议 在观看教学视频和完成学习任务后，你有什么学习心得或困惑？赶快写下来吧！

4.开发微课

"配制一定物质的量浓度的溶液"微课通过回顾物质的量与物质的质量，以及物质的量与物质的量浓度之间的转换关系创设问题情境：如何利用固体配制一定物质的量浓度的溶液？分析为了精确配制一定物质的量浓度的溶液，需要使用一种新的化学仪器——容量瓶。然后教师通过展示容量瓶的图片，对容量瓶的构造、用途、规格等进行介绍，并在视频中呈现容量瓶使用时需要遵循"一查五忌一原则"。接着教师在视频中边演示边讲解溶液配制的步骤，强调各步骤需要注意的事项及用到的实验仪器，最后用"计—量—溶—转—洗—定—摇—装"总结归纳配制一定物质的量溶液的步骤。"配制一定物质的量浓度的溶液"教学视频的脚本如表7-7所示。

表7-7 "配制一定物质的量浓度的溶液"教学视频脚本

微视频	核心内容
视频一（约30s）	物质的量分别与物质的质量、物质的量浓度之间的转化
视频二（约2min）	容量瓶的介绍
视频三（约6min）	配制一定物质的量浓度溶液的步骤及各步骤的注意要点
视频四（约1min）	配制一定物质的量浓度溶液的步骤总结

5.开展课堂教学

（1）确定探究问题

教师以课件的形式呈现根据教学目标、教学重难点和学生课前自学后反馈的问题确定的四个探究问题：

①容量瓶检漏时，为什么要用右手食指顶住瓶塞，而不能用右手大拇指顶住瓶塞？

②为什么不能在容量瓶中直接溶解 NaCl 固体？

③将 NaCl 溶液转移到容量瓶中，为什么一定要用玻璃棒引流？

④没有 240 mL 规格的容量瓶，而要配制 240 mL 的溶液时应该怎么办？

（2）解决问题

学生先独立思考，尝试解决问题，然后进行小组交流。

教师针对个别学生存在的问题及时进行个性化指导。

解决问题①：容量瓶检漏时，为什么要用右手食指顶住瓶塞，而不能用右手大拇指顶住瓶塞？

因为如果用大拇指顶住瓶塞，容量瓶的瓶颈容易从手中滑出，存在容量瓶脱落的可能。

解决问题②：为什么不能在容量瓶中直接溶解 NaCl 固体？

因为容量瓶上标有一定的温度和体积，只有在标注的温度下容量瓶的体积才能保证是其所标注的体积，而物质溶解时常伴随着溶液温度的变化，会使容量瓶的体积不准确，严重时还可能导致容量瓶破裂。

解决问题③：将 NaCl 溶液转移到容量瓶中，为什么一定要用玻璃棒引流？

因为容量瓶瓶颈很细，如果不用玻璃棒引流，直接倾倒，可能会使溶液洒落，导致配制的溶液浓度不准确。

解决问题④：没有 240 mL 规格的容量瓶，而要配制 240 mL 的溶液时应该怎么办？

配制一定物质的量浓度的溶液时，容量瓶的选择规格要遵循"大而近"原则，即容量瓶的容积要大于或等于所配溶液的体积，所以应该选择 250 mL 的容量瓶来配制溶液。此时需要 240 mL 溶液，则从 250 mL 中量取 240 mL 即可。

设计意图：学生在合作讨论中感受自主学习和协作学习带来的成就感，解决问题的同时深化对配制一定物质的量浓度溶液的步骤和要点的认识，提高发现问题和解决问题的能力。

参 考 文 献

[1]包晓玉，代刘敏，杨浩.提高中学化学教学生活化的探索[J].广州化工，2020，48（24）：218-219+224.

[2]裴秀.新课程标准下化学课堂有效教学实践路径探析[J].化工设计通讯，2021，47（04）：94-95.

[3]王旭,刘春玲.浅谈高中化学有效导课的原则[J].山东化工,2021,50(08):245+247.

[4]杨季冬,肖继.普通高中化学课程标准中"教学建议"分析：兼谈"教、学、评"一体化[J].化学教育（中英文），2021，42（11）：108.

[5]杨晓龙.高中化学课堂减负增效的有效措施[J].化工管理，2021（35）：59-60.

[6]杨红.翻转课堂下有效高中化学教学的构建研究[J].科学大众（科学教育），2019（12）：16.

[7]邹丽芬.新课程理念下高中化学有效教学的思考[J].才智，2020（01）：1.

[8]彭静瑶.高中化学不同学段有效教学研究与实践[J].教育教学论坛，2020（17）：228-229.

[9]黄勇.普通高中化学复习的有效教学研究：以学科核心素养为前提[J].吕梁教育学院学报，2020，37（02）：118-121+124.

[10]郑光黔.高中化学教学方法与实践[M].长春：吉林人民出版社，2020.

[11]石月，王喜贵.布鲁纳结构主义教育思想对中学化学教学改革的启示[J].化学教与学，2022（8）：14-17.

[12]王建荣.探究式合作学习教学模式在高中化学教学中的应用[J].数理化解题研究，2023（24）：102-104.

[13]张登木,于四喜.浅议高中化学实验探究式教学模式的构建策略[J].学周刊，2023（14）：58-60.

[14]周纯，张建策.SOLO分类理论在初高中化学教育中的应用研究对比[J].化学教育

（中英文），2021，42（17）：105-112.

[15]田敏.高中化学支架式教学模式构建研究[J].中学教学参考,2021（11）：69-70.

[16]石曼曼.支架式教学培养高中学生问题解决能力的应用研究：以"电化学基础"为例[D].青海师范大学,2021.

[17]张惠萱,罗艳玲,字敏.高中化学支架式教学的研究与应用[J].山东化工,2021,50（21）：196-197+199.

[18]吴国生.基于核心素养的高中化学支架式教学设计研究[J].求知导刊,2021（33）：63-64.

[19]仲伟贵.高中化学课堂生活化教学模式的构建策略探究[J].教学管理与教育研究,2022,7（03）：92-94.

[20]袁欢.高中化学项目式教学研究：以设计"绿原酸"的有机合成路线为例[D].江西师范大学,2021.

[21]周晋国.基于核心素养的高中化学微项目教学模式探究[J].教学管理与教育研究,2023（20）：96-98.

[22]王璟.高中化学实验探究式教学模式分析[J].求知导刊,2021（36）：26-27.

[23]李妹.高中化学实验探究式教学模式探索[J].学周刊,2022（18）：56-58.

[24]郭凯.高中化学实验探究式教学模式的构建探析[J].华夏教师,2023（12）：48-50.